"十三五"规划专业子规划——会计专业建设成果

# 会计综合实训——商贸篇

主　编　黄建萍　陈静静
副主编　别雪梅　吴　鸣　刘善国

中国铁道出版社有限公司
CHINA RAILWAY PUBLISHING HOUSE CO., LTD.

## 内容简介

本书包含企业的设立、企业初始数据准备、企业实务数据案例、企业实务案例票据四章，完整呈现企业真实资料和会计数据，使学生通过月度完整的会计数据业务处理，完成会计手工账和会计电算化业务的实训。另外，本书为实训案例配备相应的票据，还原企业真实业务凭证，供学生完成手工账实训。

本书适合作为职业院校会计专业教材，也可作为会计人员岗位培训或继续教育教学用书，还可作为畅捷通——T3企业管理信息化软件认证考试教材和会计技能比赛指导用书。

**图书在版编目(CIP)数据**

会计综合实训．商贸篇/黄建萍，陈静静主编．—北京：中国铁道出版社有限公司，2019.4

"十三五"规划专业子规划．会计专业建设成果

ISBN 978-7-113-25642-5

Ⅰ．①会… Ⅱ．①黄… ②陈… Ⅲ．①会计学-高等学校-教材 Ⅳ．①F230

中国版本图书馆CIP数据核字(2019)第049540号

**书　　名**：会计综合实训——商贸篇
**作　　者**：黄建萍　陈静静　主编

**策　　划**：邬郑希　　**读者热线**：(010)63550836
**责任编辑**：邬郑希　李学敏
**封面设计**：刘　颖
**责任校对**：张玉华
**责任印制**：郭向伟

**出版发行**：中国铁道出版社有限公司(100054，北京市西城区右安门西街8号)
**网　　址**：http://www.tdpress.com/51eds/
**印　　刷**：北京铭成印刷有限公司
**版　　次**：2019年4月第1版　2019年4月第1次印刷
**开　　本**：787 mm×1 092 mm　1/16　**印张**：6.75　**字数**：158千
**书　　号**：ISBN 978-7-113-25642-5
**定　　价**：25.00元

# 前言
# PREFACE

会计综合实训是职业院校会计专业学习环节中一个重要的组成部分，对巩固学生课堂所学的理论知识、培养学生的实际动手能力、掌握操作技能等方面起着独特的作用。为了解决职业院校会计专业学生的毕业实习问题，本书引入真实企业案例，以武汉海蓝贸易有限公司真实会计数据为基础，串连会计手工账和会计电算化操作。职业院校可在校内建立会计实训室，让学生完整操作会计业务，其中包括总账管理、采购管理、销售管理、库存管理、核算管理、工资管理、固定资产模块等，既可以锻炼学生的实际动手能力，又可以让学生提前感受企业业务的复杂性和相关性，为学生进入企业工作提供一个真实的练习环境。

本书配有实训案例数据以及实训案例配套票据，供手工账环节使用。学生既可采用手工方式完成账务处理，也可通过畅捷通——T3 企业管理信息化软件平台完成账务处理。通过实训，学生既可以了解手工账与电算化操作流程的异同点，从而知晓企业会计制度建立的原则，也可以熟悉会计数据年度结转等特殊实务操作过程。

本书实训案例涉及初级会计实务、成本会计、会计电算化等课程知识，既可以作为综合实训课程资料，也可以作为相关课程的对应实训练习资料。本书配有完整的实训账套资料，建议学时为 36 课时，供教学参考。

本书由武汉市第一商业学校会计专业黄建萍老师和武汉浙科友通软件有限公司技术顾问陈静静任主编，别雪梅、吴鸣、刘善国任副主编，并得到武汉海蓝贸易有限公司和畅捷通信息技术股份有限公司的大力支持。具体编写分工如下：第一章由刘善国编写；第二章由别雪梅、吴鸣编写；第三章由黄建萍、陈静静编写；第四章由陈静静、毛海立编写。本书编写人员既有长期从事企业工作的一线人员，也有具有丰富教学经验的专职老师。

由于编者水平有限、时间仓促，书中难免存在疏漏和不妥之处，敬请批评指正。

编　者

2018 年 12 月

# 目　录

CONTENTS

# 第一章 企业的设立

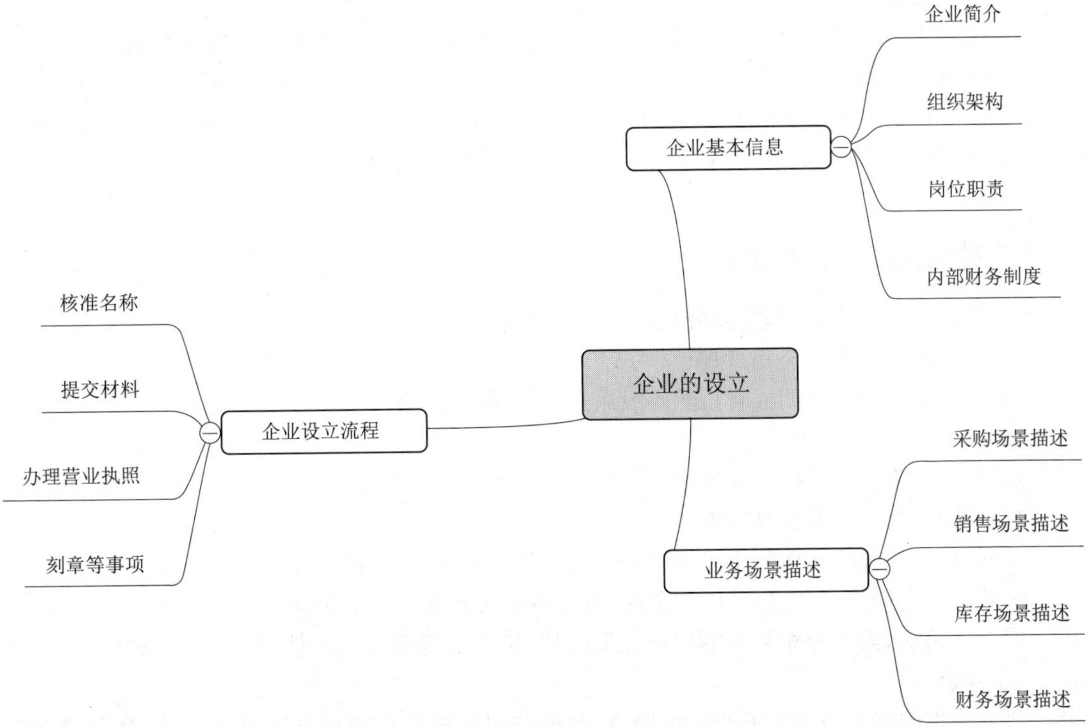


## 第一节　企业设立流程

企业(Enterprise)是从事生产、流通与服务等经济活动的营利性组织,企业通过各种生产经营活动创造物质财富,提供满足社会公众物质和文化生活需要的产品服务,在市场经济中占有非常重要的地位。了解企业的设立流程有助于更好地帮助读者理解企业的业务工作开展及经济业务的处理方式。

2014 年 3 月,新修订的《中华人民共和国公司法》正式实施,降低了公司注册门槛,简化了公司注册流程。2016 年“大众创业、万众创新”的热潮再次把注册公司推上了改革的道路,公司注册流程从以前的“三证五章”正式改为“一证五章”,也就是“三证合一”。至此公司注册的最新流程变更如下。

## 一、注册流程

1. 核准名称

申请人首先确定公司类型、名称、注册资本、股东及出资比例后，可以去工商局或线上提交核名申请。核名通过后(1～3 个工作日)颁发《企业名称预先核准通知书》，失败则需重新核准名称(又称“核名”)。

2. 提交材料

核名通过后，确认地址信息、高管信息、经营范围，并在线提交预申请。在线预申请通过之后，按照预约时间去工商局递交申请材料。大约 5～15 个工作日申请人可收到准予设立登记通知书。

3. 办理营业执照

申请人携带准予设立登记通知书、申请人身份证原件到工商局领取营业执照正、副本。

4. 刻章等事项

申请人凭营业执照副本(原件、复印件)、刻章申请表(网上录入)、法人身份证(原件、复印件)到公安局指定刻章点办理公司公章、财务章、合同章、法人代表章、发票章。至此，一个公司注册完成。

## 二、注册需要的准备材料

(1)公司法定代表人签署的《公司设立登记申请书》。

(2)全体股东签署的公司章程。

(3)法人股东资格证明或者自然人股东身份证及其复印件。

(4)董事、监事和经理的任职文件及身份证复印件。

(5)指定代表或委托代理人证明。

(6)代理人身份证及其复印件。

(7)住所使用证明。住所使用证明材料的准备，分为以下三种情况：

①若是自有房产，需要房产证复印件、房产所有人的身份证复印件。

②若是租房，需要房东签字的房产证复印件、房东的身份证复印件、双方签字盖章的租赁合同、租金发票。

③若是租的某个公司名下的写字楼，需要该公司加盖公章的房产证复印件、该公司营业执照复印件、双方签字盖章的租赁合同、租金发票。

# 第二节　企业基本信息

## 一、企业简介

武汉海蓝贸易有限公司(以下简称“公司”)是一家贸易代理综合性企业，其代理的 ABB 开关插座、低压电器、3M 电工胶带是世界 500 强企业产品，秋叶原弱电线材、金牛管业、海德曼门铃是全国知名品牌。

公司业务范围主要在华中地区，在南昌及合肥拥有分公司。公司的合作单位包括大型连锁商场、大型装饰工程公司及房地产企业。公司代理的产品广泛应用于电力、铁路、水利、银行、地铁等行业。

公司代理的产品有：秋叶原 AV 线、网线、电视线、电话线、电源线、音箱线、控制线、监控线、消防信号线、电梯线，ABB 开关插座、断路器、终端配电箱等低压产品，3M 电工胶带，海德曼门铃。

## 二、组织架构

公司下设商务部、企划部、行政人事部等部门，组织架构如图 1-1 所示。

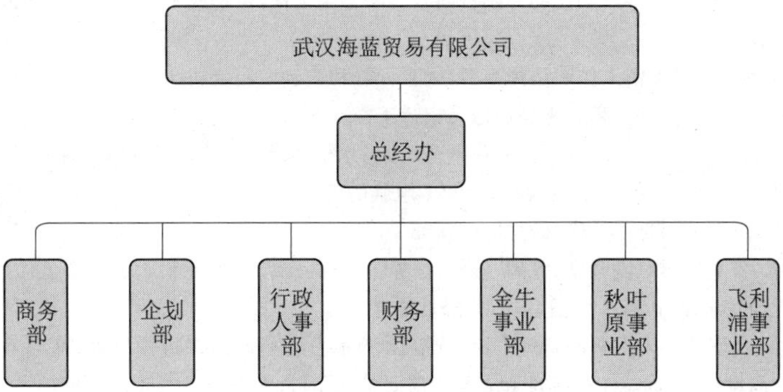


图 1-1　公司组织架构

## 三、岗位职责

公司部分职能部门的业务范围见下表。

| 职能部门 | 业务范围 |
|---|---|
| 财务部 | 1. 参与制订本公司财务制度及相应的实施细则。<br>2. 负责总经理所需财务数据资料的整理编报。<br>3. 负责对财务工作有关的外部及政府部门如税务局、财政局、银行、会计事务所等联络、沟通工作。<br>4. 负责资金管理、调度。<br>5. 编制月、季、年度财务情况说明分析，向公司领导报告公司经营情况。<br>6. 负责销售统计、复核工作，每月负责编制销售应收款报表。<br>7. 负责每月转账凭证的编制，汇总所有的记账凭证。<br>8. 负责公司所有明细分类账的记账、结账、核对，每月 5 日前完成会计报表的编制，并及时清理应收、应付款项。<br>9. 负责公司全年的会计报表、账簿装订及会计资料保管工作。<br>10. 负责银行财务管理，负责支票等有关结算凭证的购买、领用及保管，办理银行收付业务。<br>11. 负责编制银行收付凭证、现金收付凭证，登记银行存款及现金日记账，月末与银行对账单核对银行存款余额，并编制余额调节表。<br>12. 负责公司员工工资的发放工作，现金收付工作 |
| 行政人事部 | 1. 负责贯彻公司领导指示。做好上下联络沟通工作，及时向领导反映情况、反馈信息；搞好各部门间相互配合、综合协调工作；对各项工作和计划的督办和检查。<br>2. 根据领导指示和公司发展战略，负责起草年度工作计划、年度工作总结和其他重要文稿，牵头或协助公司的规划研究。<br>3. 负责全公司日常行政事务管理，协助总经理处理日常工作，负责总经理的日常活动和外出活动的安排。 |

续表

| 职能部门 | 业务范围 |
| --- | --- |
| 行政人事部 | 4. 组织安排公司办公会议，或会同有关部门筹备公司其他会议及有关重要活动，做好会议记录和整理会议纪要，根据需要按会议决定发文。<br>5. 负责公司来往信函的收发、登记、传阅、批示，做好公文的拟订、审核、印刷、传递、催办和检查，以及文书档案资料的归档立卷管理工作。<br>6. 做好公司历年大事记的原始资料收集和编纂工作，定期或不定期编辑公司简讯、简报或内部发行的刊物。<br>7. 负责公司保密工作和法律事务，妥善保管和正确使用公司印章和介绍信。<br>8. 负责前台接待、客人来访迎送等招待工作。<br>9. 负责公司办公设施的管理，包括公司办公用品采购、发放、使用登记、保管、维护管理工作，负责传真机、复印机、办公电话、计算机、笔记本电脑的管理和使用。<br>10. 负责公司总务工作，做好后勤保障。<br>11. 负责公司车辆调度、管理、维修、保养工作，确保公司领导和职工正常工作用车。定期对司机进行交通安全教育，减少事故和违章，降低油耗。<br>12. 负责公司人力资源管理方针、政策、制度和公司行政组织机构设置、部门工作职责、部门人员编制与内设机构、岗位工作标准和人员素质要求的制订、实施、检讨、改善、修订。<br>13. 根据公司发展规划，制订人力资源招聘、调配、培训开发工作计划并组织实施。<br>14. 组织督促各部门编制工作计划、工作总结、业务管理程序、规范和落实办公例会、总经理交办工作，并负责跟进、检查、监督、考核。<br>15. 办理员工招聘、录用、薪资奖金、调动、考核、奖惩、辞职辞退、离职、人事档案等业务事项。<br>16. 调查处理各种重大工作失职、违规违纪案件，调查处理员工投诉，调查处理劳资纠纷。<br>17. 做好员工保险、福利工作。<br>18. 丰富员工文化生活，组织安排各种文体活动和旅游活动。<br>19. 每月制作相关行政费用表及人力资源报表供总经理审查并进行存档。<br>20. 其他需要配合完成的工作 |
| 各事业部 | 1. 正确掌握市场，定期组织市场调研，收集市场信息。<br>2. 分析销售和市场竞争发展状况，提出改进方案和措施。<br>3. 负责收集、整理、归纳客户资料，对客户群进行分析。<br>4. 确定销售策略，建立销售目标，制订销售计划。<br>5. 管理销售活动，制订销售管理制度、工作程序。<br>6. 组织协调销售部各项日常工作。<br>7. 及时反馈客户情况及销售中的各种问题。<br>8. 按照公司要求填写相关表格，并建立客户档案 |
| 企划部 | 1. 企业内外形象设计、宣传执行，成功塑造企业形象。<br>2. 策划、组织、实施公司的各项经营活动和促销活动，塑造企业形象，提高企业知名度和美誉度。<br>3. 掌握各广告媒体的费用及价格，负责年度广告宣传的预算。<br>4. 负责对企业内部宣传的资料收集工作。<br>5. 积极与政府有关职能部门协调工作关系，完成对外新闻联络与宣传工作。<br>6. 负责企业整体宣传、包装、装饰工作，与各媒体广告公司保持良好的工作往来。<br>7. 完成总经理交办的其他工作，并及时反馈执行情况 |

## 四、内部财务制度

### 第一章　总　　则

(1)为加强财务管理和会计核算工作，规范武汉海蓝贸易有限公司(以下简称“公司”)的财务行为，根据《中华人民共和国会计法》《企业会计准则》等国家有关法律、法规、财务制度和公司章程，结合公司的实际情况，制定本制度。

(2)本制度是公司财务管理的基本行为规范，是指导制定本公司财务规定、办法和操作细则的基本依据。

(3)公司财务管理的任务是：贯彻执行国家财务、会计制度，合理组织公司财务活动和经济核算，做好各项财务收支的计划、控制、核算、分析和考核工作，运用会计原则和方法准确、真实地反映公司财务状况和经营成果，有效筹集、使用资金，利用各项资产，提高公司经济效益。

### 第二章　财务管理体制

1. 财务组织体系及机构设置

(1)公司负责人对公司财务管理的建立健全、有效实施以及经济业务的真实性、合法性负责。公司财务管理工作在董事会领导下由总经理组织实施，公司财务负责人对董事会和总经理负责。

(2)公司设立财务经理岗位，负责和组织公司财务管理工作和会计核算工作。财务经理是公司会计机构负责人。

(3)公司设置财务部门，专门办理公司的财务管理和会计事项，财务部根据会计业务设置相应工作岗位并配备与工作相适应、具有会计专业知识的会计人员。财务部门应完善岗位设置，完善内部控制体系，严格执行不相容职务相分离原则。会计人员应具备应有的职业道德。

2. 财务会计工作交接

(1)财务、会计人员调动工作、变动岗位或因故离职的，必须办理工作移交手续，编制移交清册，否则，一律不得离岗。

(2)财务、会计人员办理交接手续时，移交人员要按照移交清册逐项移交，接管人员要逐项核对点收并注意资料的完整性，做到账账相符、账实相符。

(3)财务、会计人员办理交接时，必须有专人负责监交。交接工作结束后，交接双方和监交人员要在移交清册上签名或盖章，以明确责任。移交清册一式四份，交接双方、监交人各一份，财务部存档一份。

### 第三章　会计核算内容、程序和主要会计政策及会计估计

(1)公司对发生的下列事项办理会计手续并进行会计核算：

①款项和有价证券的收付；

②财物的收发、增减和使用；

③债权债务的发生和结算；

④资本的增减；

⑤收入、支出、费用、成本的计算；

⑥财务成果的计算和处理；

⑦其他需要办理会计手续、进行会计核算的事项。

(2)本公司自设立起执行原《企业会计准则》和《企业会计制度》，自 2007 年 1 月 1 日起执行财政部 2006 年 2 月 15 日颁布的《企业会计准则》(财会〔2006〕3 号 )及其后续规定。

(3)本公司以持续经营为基础,根据实际发生的交易和事项,按照《企业会计准则——基本准则》和其他各项具体会计准则、应用指南及准则解释的规定进行确认和计量,在此基础上编制财务报表。编制符合企业会计准则要求的财务报表需要使用估计和假设,这些估计和假设会影响到财务报告日的资产、负债和或有负债的披露,以及报告期间的收入和费用。未尽事宜遵从国家的有关最新规定。

(4)会计年度:公司采用公历年度,即每年从1月1日起至12月31日止。

(5)记账本位币:公司以人民币为记账本位币。

(6)记账基础和计价原则:本公司以权责发生制为记账基础,经济业务发生时以历史成本为计价原则。

(7)外币业务核算方法。本公司发生的外币业务,采用交易发生日的即期汇率折合人民币记账。对各种外币账户的外币期末余额、外币货币性项目按资产负债表日即期汇率折算,除与购建符合资本化条件资产有关的专门借款本金及利息的汇兑差额外,其他汇兑差额计入当期损益;以历史成本计量的外币非货币性项目仍采用交易发生日的即期汇率折算;以公允价值计量的外币非货币性项目,采用公允价值确定日的即期汇率折算,差额作为公允价值变动损益。

(8)现金等价物的确定标准:本公司在编制现金流量表时所确定的现金,是指本公司的库存现金以及可以随时用于支付的存款;现金等价物,是指本公司持有的期限短、流动性强、易于转换为已知金额现金、价值变动风险很小的投资。

(9)应收款项:本公司应收款项(包括应收账款和其他应收款等)按合同或协议价款作为初始入账金额。凡因债务人破产,依照法律清偿程序清偿后仍无法收回;或因债务人死亡,既无遗产可供清偿,又无义务承担人,确实无法收回;或因债务人逾期未能履行偿债义务,经法定程序审核批准,该等应收账款列为坏账损失。

①单项金额重大的应收款项坏账准备的确认标准和计提方法。

本公司将期末余额100万元以上(含100万元)且占应收款项(包括应收账款和其他应收款)账面余额10%以上的款项列为单项金额重大的应收款项。在资产负债表日,本公司对单项金额重大的应收款项单独进行减值测试,经测试发生了减值的,按其未来现金流量现值低于其账面价值的差额,确定减值损失,计提坏账准备。

②坏账损失的核算方法:每年年末,按应收账款余额百分比法计提坏账准备,提取比例为0.5%。

对应收票据、预付款项、应收利息、长期应收款等其他应收款项,根据其未来现金流量现值低于其账面价值的差额计提坏账准备。

本公司以应收债权向银行等金融机构转让、质押或贴现等方式融资时,根据相关合同的约定,当债务人到期未偿还该项债务时,若本公司负有向金融机构还款的责任,则该应收债权作为质押贷款处理;若本公司没有向金融机构还款的责任,则该应收债权转让处理,并确认债权的转让损益。

本公司收回应收款项时,将取得的价款和应收款项账面价值之间的差额计入当期损益。

(10)存货核算方法。

①存货的分类。存货是指本公司在日常活动中持有以备出售的产成品或商品、处在生产过程中的在产品、在生产过程或提供劳务过程中耗用的材料和物料等。

②发出存货的计价方法。库存商品发出均采用“月末加权平均法”,以本月全部进货数量加上月初存货数量作为权数,去除本月全部进货成本加上月初存货成本,计算出存货的加权平均单位成本,以此为基础,计算出本月发出存货的成本和期末存货成本的一种方法。

③存货可变现净值的确定依据及存货跌价准备的计提方法。资产负债表日，存货采用成本与可变现净值孰低计量，按照单个存货成本高于可变现净值的差额计提存货跌价准备。直接用于出售的存货，在正常生产经营过程中以该存货的估计售价减去估计的销售费用和相关税费后的金额确定其可变现净值；需要经过加工的存货，在正常生产经营过程中以所生产的产成品的估计售价减去至完工时估计将要发生的成本、估计的销售费用和相关税费后的金额确定其可变现净值；资产负债表日，同一项存货中一部分有合同价格约定、其他部分不存在合同价格的，分别确定其可变现净值，并与其对应的成本进行比较，分别确定存货跌价准备的计提或转回的金额。

④存货的盘存制度。本公司的存货盘存制度为永续盘存制。本公司定期对存货进行清查，盘盈和盘亏损失计入当期损益。

⑤低值易耗品和包装物的摊销方法。低值易耗品和包装物于领用时用一次转销法摊销，其他周转材料采用一次转销法摊销。

(11)固定资产及累计折旧的核算方法。

①固定资产确认条件。固定资产须同时满足以下 3 个条件：与该固定资产有关的经济利益很可能流入企业；该固定资产的成本能够可靠地计量条件的；为生产商品、提供劳务、出租或经营管理而持有的使用寿命超过一个会计年度的有形资产。

②各类固定资产的折旧方法。本公司根据固定资产的性质和使用情况，确定固定资产的使用寿命和预计净残值，并在年度终了对固定资产的使用寿命、预计净残值和折旧方法进行复核，如与原先估计数存在差异，进行相应的调整。

本公司的固定资产类别、折旧方法、预计使用寿命、预计净残值率和年折旧率请参照基础设置信息。

③固定资产的减值测试方法、减值准备计提方法。资产负债表日，固定资产按照账面价值与可收回金额孰低计价。若单项固定资产的可收回金额低于账面价值，将资产的账面价值减记至可收回金额，减记的金额确认为资产减值损失，计入当期损益，同时计提相应的资产减值准备。固定资产减值损失一经确认，在以后会计期间不再转回。

④其他说明。本公司固定资产按成本进行初始计量。其中，外购的固定资产的成本包括买价、进口关税等相关税费，以及为使固定资产达到预定可使用状态前所发生的可直接归属于该资产的其他支出。自行建造固定资产的成本，由建造该项资产达到预定可使用状态前所发生的必要支出构成。投资者投入的固定资产，按投资合同或协议约定的价值作为入账价值，但合同或协议约定价值不公允的按公允价值入账。购买固定资产的价款超过正常信用条件延期支付，实质上具有融资性质的，固定资产的成本以购买价款的现值为基础确定。实际支付的价款与购买价款的现值之间的差额，除应予资本化的以外，在信用期间内计入当期损益。

当固定资产被处置，或者预期通过使用或处置不能产生经济利益时，终止确认该固定资产。固定资产出售、转让、报废或毁损的处置收入扣除其账面价值和相关税费后的金额计入当期损益。

(12)在建工程核算方法。

本公司自行建造的在建工程按实际成本计价，实际成本由建造该项资产达到预定可使用状态前所发生的必要支出构成。已达到预定可使用状态但尚未办理竣工决算的固定资产，按照估计价值确定其成本，并计提折旧；待办理竣工决算后，再按实际成本调整原来的暂估价值，但不调整原已计提的折旧额。

(13)无形资产计价及摊销方法。

无形资产是指本公司拥有或者控制的没有实物形态的可辨认非货币性资产，包括土地使用权、专利技术和软件等。

无形资产按照成本进行初始计量。购入的无形资产，按实际支付的价款和相关支出作为实际成本。投资者投入的无形资产，按投资合同或协议约定的价值确定实际成本，但合同或协议约定价值不公允的，按公允价值确定实际成本。

本公司在取得无形资产时分析判断其使用寿命，划分为使用寿命有限和使用寿命不确定的无形资产。

使用寿命有限的无形资产，在使用寿命内按照与该项无形资产有关的经济利益的预期实现方式系统合理地摊销；无法可靠确定预期实现方式的，则采用直线法摊销，具体年限参照基础信息设置。

(14)收入确认的原则。

①销售商品。本公司销售的商品在同时满足下列条件时，按从购货方已收或应收的合同或协议价款的金额确认销售商品收入：

a. 已将商品所有权上的主要风险和报酬转移给购货方；

b. 既没有保留通常与所有权相联系的继续管理权，也没有对已售出的商品实施有效控制；

c. 收入的金额能够可靠地计量；

d. 相关的经济利益很可能流入企业；

e. 相关的已发生或将发生的成本能够可靠地计量。

②提供劳务。提供劳务交易的结果在资产负债表日能够可靠估计的(同时满足收入的金额能够可靠地计量、相关经济利益很可能流入、交易的完工进度能够可靠地确定、交易中已发生和将发生的成本能够可靠地计量)，采用完工百分比法确认提供劳务的收入，并按已经发生的成本占估计总成本的比例确定提供劳务交易的完工进度。提供劳务交易的结果在资产负债表日不能够可靠估计的，若已经发生的劳务成本预计能够得到补偿，按已经发生的劳务成本金额确认提供劳务收入，并按相同金额结转劳务成本；若已经发生的劳务成本预计不能够得到补偿，将已经发生的劳务成本计入当期损益，不确认劳务收入。

## 第四章　财务会计报告

(1)本公司的财务报告由会计报表和会计报表附注组成。依据《企业会计准则第 30 号——财务会计列报》《企业会计准则第 31 号——现金流量表》《企业会计准则第 32 号——中期财务报告》的规定执行。

(2)本公司向外提供的会计报表包括：

①资产负债表；

②利润表；

③现金流量表。

会计报表附注需对会计报表的编制基础、编制依据、编制原则和方法及主要项目做出正确解释。

(3)本公司对外提供的财务报告分为月度财务报告、季度财务报告、中期财务报告和年度财务报告。其中，除特别重大事项外，月度、季度、中期财务报告不提供会计报表附注。

(4)本公司的财务报告对外应当按规定报送当地财政机关、开户银行、税务部门等部门。公司的年度财务报告应当在召开股东大会年会的二十日以前置备于本公司，供股东查阅。财政部门、开户银行、税务部门等部门在本公司财务报告未正式对外披露前，有义务对其内容进行保密。

(5)财务报告的报出期限：月份会计报表应于月份终了后10天内报出；年度会计报表应于年度终了后4个月内报出。财务报告的报出期限须遵循相关规定。

(6)本公司向外提供的会计报表应加盖公章，注明公司名称、报表所属年度、月份、日期等，并由公司法定代表人、财务机构负责人、主要会计工作负责人和编制人签名或盖章。

## 第五章　会计凭证管理

(1)会计凭证是记录每次经济活动及明确经济责任的合法书面证明，就其不同用途可分为原始凭证和记账凭证两类。

(2)原始凭证不论自制的或外来的，除了必须真实可靠、符合制度法令外，还必须具备下列各项基本内容：

①填制原始凭证的单位名称；

②接收原始凭证的单位名称；

③凭证的种类(发票、收据、出入库单等)；

④填制日期；

⑤经济活动的内容和依据(合同、有效授权的签章)；

⑥金额(包括大写数字)；

⑦外来原始凭证应有填制单位的财务专用章、发票专用章及有关人员签章；

⑧自制原始凭证应有负责人及经办人的签章。

(3)记账凭证是记载日记账、明细分类账及总账的依据。各种记账凭证(包括电算化记账凭证)都必须具备下列要素：

①单位名称；

②制单日期；

③凭证编号；

④会计事项的内容摘要；

⑤会计科目名称及其子、细目；

⑥会计科目借或贷方；

⑦金额；

⑧有关制单、复核和会计主管的签章；

⑨所附原始凭证的张数。

(4)计算机记账凭证的填制除符合以上记账凭证的要素要求外，必须将各要素输入计算机存盘并打印出来。

(5)会计凭证的审核：会计凭证审核是保证会计核算工作质量的重要控制环节，审核时应注意：

①原始凭证是否有效、齐全。对内容不全、手续不齐、数字差错、涂改污损的原始凭证，应责成有关部门经办人查明原因，更正内容，补办手续；

②记账凭证填制内容是否正确完整，对应会计科目使用是否正确，并检查附件内容及张数是否与记账凭证相符；

③有关的经济活动是否符合国家的方针、政策和法规及公司的有关规定，对发现的问题，应

提出意见并及时向主管财务的领导汇报。

(6)经审核后的会计凭证方能视为有效会计凭证,才能据此登记日记账、明细账和总账。

## 第六章　会计档案管理

(1)会计档案包括会计凭证、会计账簿和会计报表等会计核算及财务管理的专业资料。它是记录和反映经济业务的重要史料和证据。公司必须加强对会计档案的管理工作,建立健全会计档案的立卷、归档、保管、调阅和销毁制度。

(2)会计档案由会计人员负责整理。月度终了,财务部要安排专人及时整理装订各类会计凭证和会计报表;年度终了后三个月内将会计账簿打印输出,并装订成册。

(3)计算机存储的会计信息要打印输出为纸质会计档案进行保管,储存会计信息的光盘等介质应当定期复制、更换(由财务经理负责),以保证其安全性。

(4)公司及各子公司、分公司财务部门要专门设立会计档案管理员,负责会计档案的管理,对每年形成的会计档案按照归档要求,负责整理立卷或装订成册。出纳人员不得兼管会计档案。

(5)财务部门档案室对会计档案必须进行科学管理,做到妥善保管、存放有序、查找方便。要严格执行安全和保密制度,不得随意存放,严防毁损、散失和泄密。

(6)各种会计档案的保管期限,从会计年度终了后的第一天算起,按财政部、国家档案局印发的《会计档案管理办法》所规定期限执行。

(7)会计档案保管期满,需要销毁时,由档案管理人员提出销毁意见,经财务总监审查,公司总经理批准,报上级有关部门批准后编造会计档案销毁清册。对于其中未了结的债权债务的原始凭证,应单独抽出,另行立卷,由会计档案部门保管到结清债权债务时为止;投资项目在建期间的会计档案,不得销毁。

## 第七章　资 金 管 理

资金是公司重要的资源,加强对公司资金的管理是保证资金安全和公司健康运营以及发展的重要保证。

1. 资金支付及审批程序

(1)支付申请。公司有关部门或个人用款时,应遵循逐级审批的原则向各级审核和审批人提交用款申请单或费用报销单,详细填写款项的用途、金额、预算及支付方式等内容,并附有效经济合同、发票或其他相关证明等。

(2)支付审核。各部门负责人或主管领导根据其职责、权限和相应程序对支付申请或报销进行审核,对不符合公司规定的资金支付申请和报销,部门负责人或主管领导审核时应当拒绝批准。

(3)支付复核。资金支付由负责人复核。分管会计对经各部门审核后提交的支付申请和报销进行初审后交财务总监(或授权财务人员)复核,核对资金支付和报销申请的批准范围、权限、程序是否正确,手续及相关单据是否齐备,金额计算是否准确,支付方式、支付单位是否妥当等。

(4)支付审批。资金支付或费用报销经部门领导审核和财务经理(或授权财务人员)复核无误后交公司总经理(或授权副总经理),审批同意后交会计和出纳人员办理支付手续。

(5)办理支付。出纳根据审批、签字手续完备的用款申请单或费用报销单办理支付或报销。

2. 现金和银行存款的管理

(1)公司每日的库存现金限额最高为人民币 40 000 元,超过库存现金限额的现金必须于当日下班前送存银行。

(2)公司实行收支两条线和集中收付制度,所有现金收入出纳最迟不超过次日存入银行,不得坐支现金。

公司借出款项严格执行公司借款制度的审核批准程序，严禁擅自挪用、借出货币资金，严禁白条抵库。

(3)一切货币资金收入都必须入账，不得将出售残料、废料的收入、罚款赔款的收入等账外设账。

(4)每日终了，现金出纳必须盘点库存现金，做到账款相符。月末，由指定会计人员对出纳进行监盘，并由出纳以外的人员编制现金盘点报表，列明现金账面余额、现金实际余额、差异额及其原因。对无法确定原因的差异，应及时报告财务部门负责人。确认为短款的，应由个人赔偿；长款应挂账处理，不得以长款弥补短款。

(5)公司严格按照中国人民银行《支付结算办法》的规定开立银行账户，办理存款、取款和结算。

财务部门每季度检查、清理银行账户的开立及使用情况，发现未经审批擅自开立银行账户或者不按规定及时清理、撤销银行账户等问题，应当及时处理并追究有关责任人的责任。

(6)公司应当严格遵守银行结算纪律，不得签发没有资金保证的票据或远期支票，套取银行信用；不得签发、取得和转让没有真实交易和债权债务的票据；不得无理拒绝付款，任意占用他人资金；不得违反规定开立和使用银行账户。

(7)月末，指定专人核对银行账户，编制银行存款余额调节表，并指派对账人员以外的其他人员进行审核，确定银行存款账面余额与银行对账单余额是否调节相符。如调节不符，应当查明原因，及时处理。

(8)财务部所需银行票据(包括转账支票、现金支票、现金交款单、进账单、电汇单、银行汇票等)经财务总监批准后，由出纳购买，经货币资金核算人员进行备查登记，出纳签字后，由出纳负责保管。购买银行票据时要逐一清点检查，转账支票和现金支票要检查编号是否连续、有无缺页破损、是否盖有银行专用章，如有缺页、破损或编号不连续等问题应当场更换；票据应当按编号顺序连续使用，不得跳号开具票据，不得随意开具印章齐全的空白支票；出纳人员使用完一本票据后，应向票据备查登记人员办理注销手续。对作废的票据应加盖作废戳记，连同存根予以保存，不得随意处置或销毁。

(9)加强银行预留印鉴的管理。财务专用章应当由专人保管，个人印章应当由本人或其授权人员保管，不得由一个人保管支付款项所需的全部印章。网上支付款项时，制单初审人和付款复核人不得为同一人，且各操作人员无权将口令泄露他人或请他人代替输入和做其他操作工作。

(10)财务部门负责外埠存款、银行汇票存款、银行本票存款、信用卡存款、保证金存款等其他货币资金清查，采取的清查方式是按月与存款银行进行核对，核对完毕后编制《其他货币资金核对表》存档。

(11)各销售部门负责人和业务人员必须严格按合同规定及时组织货款和有关资金的回笼，资金的回收必须使用银行或票据结算，严禁违反规定向客户收取现金，货款和其他有关资金的回笼工作由公司财务部负责监督和检查。

3. 借支制度

(1)原则上，借款必须是因公借款，不得以个人的名义借款，借款额度必须实事求是，不得多借。借款单供财务部账务处理使用。

(2)原则上，以前借款未结清，不再办理再借款手续。

(3)未经公司总经理特批，借款一般不超过本人月工资定额的 1 倍。

(4)借支款项，须由借支人填写借支单报部门负责人、财务经理(或授权财务人员)审核，经公司总经理(或授权副总经理)批准后办理。

(5)借支人应及时报销、还款。凡因出差借支的,从回到公司所在地的车船票日期算起,在十日之内,到财务部门办理报销及还款手续;长期出差在外的销售人员每月月初报销上月出差费用;零星采购以购货发票日期为准,在十日内,到财务部门办理报销及还款手续。财务部应当出具收据,收据一式两联,存根联供财务部账务处理使用,还款联交给借款人作为还款凭证。

(6)借款人逾期办理还款手续的,接到出纳人员通知后 5 日内仍未归还逾期借款,财务部有权以借款人工资、奖金等冲抵该逾期借款。

## 第八章　应收款项的管理

(1)应收账款的发生:销售部门在决定提供信用于客户之前,应对该客户的资信情况进行详细调查,由公司分管销售的副总经理决定是否对客户提供商业信用及信用额度。

(2)销售会计应经常核查所有应收账款(至少每月一次),确定每项应收账款的可收性,定期编制应收账款账龄分析表,交公司财务总监审核。

(3)销售部门应经常与信用客户保持联系,按期进行账款的催收,销售会计应予以配合、监督。

(4)所有被视为无法收回的应收账款将根据实际金额计入坏账损失。坏账确认必须满足以下条件:

①因债务人破产,依照法律清偿程序清偿后仍无法收回的应收款项;

②因债务人死亡,既无遗产可供清偿,又无义务承担人,确实无法收回的应收款项;

③因债务人逾期三年以上未能履行偿债义务,且具有明显证据证明债务人已无力清偿债务的。

坏账核销必须根据公司管理权限经审批后方可执行。

## 第九章　存货管理

(1)公司存货包括低值易耗品、库存商品等。

(2)存货核算方法:存货包括低值易耗品、库存商品和其他等。低值易耗品、库存商品发出均采用“移动平均法”,计算出库成本时要根据该仓库的同种存货按最新结存金额和结存数量计算的单价计算出库成本。销售出库成本核算根据销售发票进行确认。

(3)公司购买办公用品等按公司采购流程进行。

(4)对于购进的所有材料物资,财务部只有在取得代表物权的入库单、发票等有效凭证与合同内容核对无误后,方可按公司审批程序付款(预付款除外)。

采购部门必须提供以下单据给财务部门作为对外付款和进行账务处理的依据,包括:

①采购单;

②购货合同或订单;

③原始发票(增值税发票、普通发票等);

④仓库等部门签字盖章的入库单;

⑤运杂费等报销凭证(若有需提供)。

(5)公司应建立规范的仓库保管账,详细反映存货的流转情况。仓库管账人员应根据出、入库单,认真复核仓库保管员填报的存货入库、出库、结存数量,及时在 ERP 系统中进行相关处理,随时核对结存数,如发现问题,应及时查明原因并研究解决,做到账、货相符。

(6)仓库管理部门出具的有效出、入库凭证及库存物资月度报表必须在规定的时限内送达财务部门,以便及时结账。

(7)仓库管账人员登记的仓库保管账,必须定期与财务账进行核对,以便财务及时调账,保证账账相符。

(8)产成品的盘点。由财务部门和物资管理部门共同负责,于每月末最后一天盘点,仓库保管员调动时,必须进行清查盘点。产成品的盘点主要抓好以下三个方面的工作:

①通过点数、过磅或测量等盘点方法,准确确定产成品的实存数量,将盘点数量与账面结存数量相核对,并查明账实不符的原因;

②在盘点中要注意库存产成品的质量,发现霉烂变质和毁损的物资及超储积压的物资,应查明原因;

③对盘点的结果,要编制《库存产成品盘点报告表》,正确反映各种产成品的账存、实存数量和金额,以及盘盈、盘亏、报废的数量和金额,并说明盘盈、盘亏、报废的原因等情况,根据公司的管理权限报批后及时处理。

(9)异地仓库的盘点。由售后服务部门、财务部门共同负责,每月财务结账日清查一次,要通过实物盘查方法查明存放在异地库存数量,以准确核算产品耗用数量及结转销售成本。

(10)低值易耗品的盘点。由财务部门、归口管理部门和使用部门共同负责,每季度对低值易耗品进行盘点。盘点结束后应编制《在用低值易耗品盘点表》,对盘盈、盘亏、报废的数量和金额、原因等情况应作出说明,根据公司的管理权限报批后及时处理。

### 第十章 固定资产管理

(1)一项有形资产同时满足以下条件时方可确认为是固定资产:

①与该资产有关的经济利益很可能流入企业;

②该资产的成本能够可靠地计量;

③为生产商品、提供劳务、出租或经营管理而持有的使用寿命超过一个会计年度的。

(2)公司及各驻外部门购置固定资产,必须事先报公司总经理批准,方可购置。

(3)公司及各驻外部门购置固定资产后,由专门设置的资产管理人员给资产编上外部编号,落实责任人,并交由财务部固定资产管理人员给固定资产在 ERP 系统上编号管理,资产管理人员对固定资产的增加、转移、投资和报废等情况应及时登记。

(4)每季度末,公司财务部门应在归口管理部门、资产使用部门的配合下对固定资产进行实地盘点、清查,发现盘盈、盘亏、报废的要查明原因,根据公司的管理权限报批后及时处理。

(5)在下列情况下,必须进行不定期清查:

①更换保管人员时进行资产清查,以分清经济责任;

②发生非常灾害和意外损失时,进行资产清查,以查明损失情况;

③政府主管部门依法对企业进行财务检查时,进行资产清查,以清查企业资产状况;

④社会中介机构对企业进行会计验证、评估时,进行资产清查,以验证会计资料的准确性。

(6)固定资产的内部转移(使用责任人和使用部门变更),应当填写《资产变更单》办理转移手续。

(7)固定资产的转让、报废及变价处理,必须经技术人员、设备人员、财务人员共同鉴定和制定价格,并经公司财务总监、公司总经理批准。

(8)经批准有偿调出或投资的固定资产,需经评估机构评估,财务部及时进行账务处理。

(9)对于闲置的固定资产,各部门应及时上报公司资产管理部门,公司资产管理部门视资产情况在公司内进行有偿调配或提出处理意见,使资产得到合理使用。

### 第十一章 成本和费用管理

(1)公司的成本费用指在经营活动中发生的与经营活动有关的支出,包括销售费用、管埋费用、财务费用等。

(2)公司根据自身职能和生产经营特点制定本单位的成本、费用管理制度，包括成本费用的预算管理、审批、控制、分析、考核、奖罚等制度。

(3)成本管理应遵循实际成本、分期核算、权责发生制、一致性、配比性、划分生产费用和期间费用等基本原则，划清各种成本界限和成本开支范围，不得混淆不清、弄虚作假，影响成本核算的准确性。做到：

①按规定核算待摊费用、长期待摊费用和预提费用，不得以待摊或预提的方式来调节产品成本；

②正确划分收益性支出和资本性支出，购建固定资产、无形资产或其他长期资产的支出不得列入成本，保证产品成本计算的准确性；

③及时将计划成本调整为实际成本，不得用计划成本、估计成本代替实际成本；

④不得将被没收的财物、支付的滞纳金、罚金、违约金、赔偿金以及赞助捐赠等支出列入成本和费用；

⑤公司建立年度预算执行评价制度，根据年初预算与年终预算执行结果的差异水平对各预算责任部门的执行情况进行评价，评价结果作为各部门负责人年度工作业绩考核的参考依据。

(4)有关差旅费等一些重要费用项目，经公司总经理授权，由财务部门会同其他相关部门在遵循相关法规、制度等的前提下制订开支标准和具体管理办法。

## 第十二章　信息与电算化管理

(1)公司应结合经营特点，优化业务流程，建立财务和业务一体化的信息处理系统，逐步实现财务、业务相关信息一次性处理和实时共享。

(2)公司实行统筹企业资源计划，全面整合和规范财务、业务流程，对企业物流、资金流、信息流进行一体化管理和集成运作。

(3)会计电算化工作。公司为了提高会计工作质量，开展会计电算化工作，按规定要求设置会计科目、填制会计凭证、登记会计账簿、进行成本核算、编制会计报表。操作员应按核算方法和程序进行操作，建立会计电算化内部管理制度，保证会计电算化工作顺利开展。

(4)公司企业银行电子支付系统的管理，严格按照企业银行电子支付程序和许可权规定执行。电子支付账户密码和操作人员密码是使用企业银行系统的关键要素，应妥善保管，主管卡和操作员卡应按照分管并用的原则，由公司授权指定人员和操作员分别设置密码，不得一人统管使用。

## 第十三章　发 票 管 理

公司发票管理部门为财务部。财务部指定专人负责发票的购买、使用、回收、保管和检查工作。

1. 销货发票

(1)销货发票是公司销售产品及提供劳务时向客户开具的发票。

(2)财务部销售会计负责公司销售发票的购买、保管、开具以及报表填制和报送工作。使用过的增值税专用发票，销售会计要及时登记，增值税专用发票使用日记账，月终填报增值税发票购、用、存情况月报表和发票使用明细表交给税务会计报送至税务局。

(3)公司须使用税务机关统一监制的机打发票。

(4)财务部要加强增值税专用发票的管理，不得丢失。如发生丢失和被盗，应及时上报税务机关和当地公安部门，并于三日内在报刊和电视、电台等新闻媒介上公告声明作废。

(5)开具发票时，必须按下列要求办理：

①按号码顺序开具；

②填写项目齐全，内容真实，字迹清晰；

③全部联次一次打印，上、下联内容完全一致；

④票物相符，票面金额与出库单、销售部提交的发票开立通知单相符；

⑤各项目内容正确无误；

⑥按时限开具；

⑦审核无误后，在发票联和抵扣联加盖公司发票专用章。

(6)任何部门和个人不得转借、转让、撕页、代开发票，不得自行扩大发票使用范围，不得携带空白发票外出或邮寄空白发票。

(7)发票开具后，发现错误，应在各联次上注明“作废”字样，并按编号保存。

(8)发票开具后，若发生退货冲票事宜，应视不同情况按以下规定办理：

①销货方和购货方均未作账务处理，购货方应将原发票联和抵扣联退还销货方，销货方收回后，连同其存根联和记账联一起，按作废处理；若是部分退货，销货方收回原发票作废后，重新开具增值税专用发票给购货方，不准索取退货证明单；

②销货方已作账务处理，购货方未作账务处理，应将发票联和抵扣联退还给销货方，销货方以发票联作为抵减当期销项税额的凭证，将抵扣联注明“作废”字样粘贴在存根联下方，以备审查。未收到购货方退还增值税专用发票前，销货方不得扣减销项税款。属于销货折让的，销货方应按折让后的货款重新开具增值税专用发票；

③购货方已作账务处理，在发票和抵扣联无法退还的情况下，购货方必须到当地税务机关开具进货退出或折让证明单交销货方，作为开具红字发票的合格依据。销货方收到证明单后根据退回货物的数量或折让金额向购货方开具红字专用发票，退货、折让证明单附在开具的红字专用发票的存根联后面，红字专用发票的记账联作为销货方冲减当期销项税额的合法凭证，其发票联和抵扣联作为购货方扣减进项税款的凭证。购货方收到红字增值税专用发票后，应将红字专用发票所注明的增值税额从进项税款中如实扣减。

销货方办理退款时，必须取得购货方财务部门出具的收款收据。

(9)公司使用增值税专用发票的范围如下：

①销售本公司的产品；

②销售本公司外购的物资；

③其他按国家规定应开具增值税专用发票的货物和劳务。

(10)属于下列情况之一的，应开具普通发票，不得开具增值税专用发票：

①向消费者个人或小规模纳税人销售货物或提供应税劳务的；

②处理废旧设备等固定资产变价销售的；

③处理在建工程物资的；

④其他按国家规定不应开具增值税专用发票的货物和劳务。

(11)本公司开具的销货发票应当月送交购货方，并督促其入账处理。本公司财务、物资管理部门也必须于当月将销货记账凭单、出库单及时入账，以达到账账相符、账实相符。

(12)已经使用过的发票存根和作废发票的各联次由税务会计保存，保存期为五年。保存期满后，由税务机关查验批准，监督销毁。

2. 购货发票

(1)购货发票是指本公司采购成品、物资、设备或接受劳务时，由销货单位出具给本公司的发票。

(2)所有部门和个人在为本公司购买商品、接受劳务以及从事其他经营活动支付款项时，都应向收款方索取发票。

(3)物资采购部门和费用支出部门向收款方索取发票时,都必须索取增值税专用发票(本制度另有规定的项目除外),若对方不能提供增值税专用发票,则尽量不与其发生业务。

(4)各业务部门向供货单位采购物资,发生的劳务费用,一经发生,不管付款与否,都要及时向对方索取发票,采购的物资应立即办理入库手续,费用支出办好签字手续,发票报销的各种手续齐全后,立即交财务部门办理入账。对不能立即付款的发票,财务部门要登记应付款账。

(5)财会人员要充分履行《中华人民共和国会计法》赋予的会计监督职能,对有下列情况之一的发票有权拒绝付款:

①未按本公司规定办理法定手续的发票;

②应收取增值税专用发票,却收取了普通发票的发票;

③项目不全、填写不清楚的发票;

④内容不真实、有涂改痕迹的发票;

⑤采购的物资价格明显高于市场行情的发票;

⑥其他不合理、不合法、不真实的发票。

(6)购货后,若遗失发票或抵扣联,应向原销货方索取有原销货方盖章的证明和记账联的复印件,经有关税务机关审核同意后,方可作为进项税款抵扣凭证和记账凭证。

(7)以上制度如有与国家规定抵触之处,按国家规定执行;未尽事宜,按国家规定执行。

(8)对丢失增值税专用发票者,除责令写出检查外,每份空白发票罚款 5 000~10 000 元;丢失已填开的专用发票者,每份罚款 1 000 元;造成公司税金等相关损失的,一律由责任人自行承担。

**第十四章　其他业务处理**

按上年度职工月平均工资计提。由单位承担并交纳的养老保险为 20%、医疗保险为 10%、失业保险为 1%、工伤保险为 1%、生育保险为 0.8%、住房公积金为 12%;职工个人承担的养老保险为 8%、医疗保险为 2%、失业保险为 0.2%、住房公积金为 12%。假设职工本月工资与上年度月平均工资相同,按上年度工资总额的 2%计提工会经费、2.5%计提职工教育经费。按照国家有关规定,单位代扣个人所得税,其费用扣除标准为 3 500 元。

货币资金的核算方法:采用结算方式包括现金、现金支票、转账支票、银行汇票、银行承兑汇票、电汇、委托收款。

税务的会计处理:公司为增值税一般纳税人,增值税税率为 17%,按月缴纳,运费按 11%作进项税额抵扣;按当期应交增值税的 7%、3%、2%计算城市建设维护税、教育费附加和地方教育费附加;企业所得税采用资产负债表债务法,企业所得税的计税依据为应纳税所得额,税率为 25%,按月预提,按季预缴,全年汇算清缴。

## 第三节　业务场景描述

### 一、采购场景描述

1. 采购管理系统概述

采购管理是企业物资供应部门按照企业物资供应计划,通过采购、加工、定制等渠道,取得对企业生产经营活动所需各种资料的管理。无论是工业企业还是商业企业,采购业务都会影响企业的整体运营状况,采购业务管理不善会使生产缺料或物料过剩,而无论是生产缺料还是物料过剩都会给企业造成无法估量的损失。

采购管理系统通过普通采购、直运采购、固定资产采购、代管采购(VMI 采购)等采购流程对不同的采购业务进行有效的控制和管理，并提供请购、订货、到货、入库、开票、采购结算的完整采购流程，整合销售、计划、库存、财务等系统，共同完成对物料供给的业务支持和各类统计分析报表，以便帮助企业降低采购成本，提升企业竞争力。

2. 采购管理系统的常用功能

(1)对供应商进行有效管理。通过对供应商进行分类管理，维护供应商档案信息和供应商存货对照表，便于企业与供应商建立长期稳定的采购渠道。同时，系统还可以对供应商的交货时间、货物质量、供应价格等进行分析评价，审查确定合格的供应商，并调整供应商档案。

(2)严格管理采购价格。采购管理系统可以对采购价格进行严格管理，为企业降低采购成本提供依据。

(3)选择采购流程。企业根据采购计划、请购单、销售订单生成采购订单，也可以手工输入请购单、采购订单；采购业务可以从请购开始，也可以直接从采购开始；还可以在收到采购货物时直接输入采购入库单，或者根据采购订单复制采购入库单。可以选择的采购流程，为企业对不同采购业务进行不同管理提供了方便。

(4)及时进行采购结算。接收供应商开具的采购发票后，直接将采购发票与采购入库单进行采购结算，并将结算单直接转给财务部门进行相应的账务处理，便于及时支付货款。

(5)采购执行情况分析。可以对采购订单的执行情况进行分析，便于分清责任，及时发现、解决采购过程中出现的问题。以便及时组织采购，保证生产顺利进行，并能保持较低的库存，为降低成本提供保证。

3. 采购管理系统与其他系统的主要关系

采购管理系统与基础设置系统共享基础数据，也就是说，采购管理需要的基础数据既可以在基础设置系统中统一设置，也可以在采购管理系统中自行录入，最终都是由各模板共享；采购管理系统中录入的采购入库单，可以在库存管理系统中审核确定，以证明入库单上的货物已经入库；采购管理系统中录入的采购入库单，需要在存货核算系统中记账，以确定存货的入库成本，并生成入库凭证；采购管理系统中录入的采购发票，在进行采购结算处理后，自动传递到应付款管理系统，以记载应付款明细账；在应付款管理系统完成付款处理和编制记账凭证的同时，填写采购发票有关付款制单的信息，采购管理系统与其他系统的主要关系如图 1-2 所示。

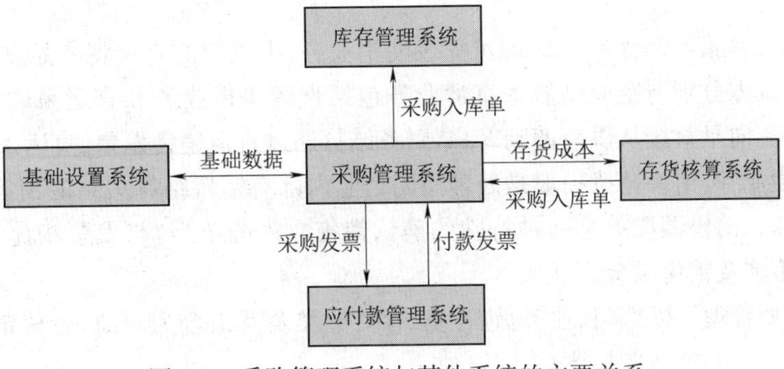


图 1-2　采购管理系统与其他系统的主要关系

## 二、销售场景描述

1. 销售管理系统概述

销售是企业经营货物的中心，是企业生产经营的实现过程。销售部门在企业供应链中处于市场与企业接口的位置，其主要职能就是为客户提供产品及服务，从而实现企业的资金周转并获取利润，为企业提供生存与发展的动力。

销售管理系统主要提供对企业销售业务全流程的管理。销售管理系统支持以销售订单为核心的业务模式，通过销售订货、发货、开票，销售管理系统处理销售发货和销售退货业务，同时在发货处理时可以对客户信用额度、货物现存量、最低售价等进行检查和控制。已审核的发货单可以自动生成销售出库单，冲减库存的现存量；可以进行销售增长分析、货物流向分析、销售结构分析、销售毛利分析等。用户可以根据实际情况构建自己的销售管理平台。

2. 销售管理系统的常用功能

(1)有效管理客户。对客户进行分类管理，维护客户档案，制定针对客户的价格政策，建立长期稳定的销售渠道。

(2)根据市场需求信息，进行产品销售预测。

(3)编制销售计划。销售计划的编制是按照客户订单、市场预测情况和企业生产情况，对一定时期内企业的销售品质、各品种的销售量与销售价格做出安排。企业也可以根据某个部门或某个业务员制定销售计划。

(4)销售多样化流程。根据用户需求，可自由选择销售业务流程，主要包含以下几种：

①先发货后开票：指根据销售订单或其他销售合同，向客户发出货物；发货之后根据发货单或出库单开具发票。先发货后开票业务适用于普通销售、分期收款、委托代销业务；

②开票直接发货：指根据销售订单或其他销售合同，向客户开具销售发票，客户根据发票到指定仓库提货。开票直接发货业务只适用于普通销售；

③销售退货业务：指客户因货物质量、品种、数量等不符合要求而将已购货物退回给本单位的业务；

④委托代销业务：指企业将商品委托他人进行销售但商品所有权仍归本企业的销售方式，委托代销商品销售后，受托方与企业进行结算，并开具正式的销售发票，形成销售收入，商品所有权转移；

⑤分期收款（发出商品）业务：类似于委托代销业务，货物提前发给客户，分期收回货款。分期收款销售的特点是：一次发货，当时不确认收入，分次确认收入，在确认收入的同时配比性地转成本；

⑥直运业务：是指产品无须入库即可完成购销业务，由供应商直接将商品发给企业的客户；结算时，由购销双方分别与企业结算。直运业务包括直运销售业务和直运采购业务，没有实物的出入库，货物流向是直接从供应商到客户，财务结算通过直运销售发票、直运采购发票解决；

⑦销售调拨业务：销售调拨一般是处理集团企业内部有销售结算关系的销售部门或分公司之间的销售业务。销售调拨单是一种特殊的确认销售收入的单据，与发票相比，销售调拨单处理的销售业务不涉及销售税金。

(5)销售计划管理。以部门、业务员、存货、存货分类及其组合为对象，考核销售的计划数与定额数的完成情况，并进行考核评估。

3. 销售管理系统与其他系统的主要关系

销售管理系统与基础设置系统共享基础数据。销售管理系统的发货单经审核后自动生成销售出库单传递给库存管理系统和存货核算系统；库存管理系统为销售管理系统提供可用于销售存货的现存量；存货核算系统将计算出来的存货销售成本传递给销售管理系统。销售管理系统为应收账款管理系统提供销售发票；应收账款管理系统为销售管理系统提供销售发票的收款结算情况，销售管理系统与其他系统的主要关系如图 1-3 所示。

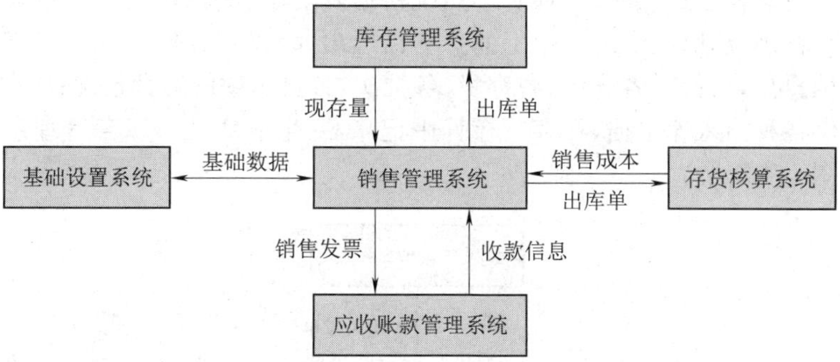


图 1-3　销售管理系统与其他系统的主要关系

## 三、库存场景描述

1. *库存管理系统概述*

(1)库存管理是在物流过程中对商品数量的管理，它接收采购部门从供应商那里采购来的材料或商品，并且支配着生产的领料、销售的出库等。库存管理在量化的管理基础上，以往通常认为仓库里的商品多，表明企业发达、兴隆，现在则认为零库存是最好的库存管理。库存多，占用资金多，利息负担加重；但是如果过分降低库存，则会出现断档。

库存管理系统可以正确计算存货购入成本，促使企业努力降低存货成本；反应和监督存货的手法、领退和保管情况；反应和监督存货资金的占用情况，促使企业提高资金的使用效果。

(2)库存管理系统能够满足采购入库、销售出库、产成品入库、材料出库、其他出入库、盘点管理和形态转换等业务需要；提供仓库货位管理、批次管理、保质期管理和可用量管理等全面的业务应用；可加强出入库明细管理，账务清晰透明，降低库存风险，为库存管理者或使用者提供丰富的库存数据分析报表，提供可靠的决策数据；是企业的数据中心，为计划部提供需求规划所需关键数据。通过库存批次、序列号、出库跟踪入库等库存主题应用，提供丰富的库存数据追踪分析功能，为财务存货成本核算提供直接可靠的出入库明细数据，提高数据准确率及工作效率。

(3)库存管理系统可以单独使用，也可以与采购管理系统、销售管理系统、存货核算集成系统使用，发挥更加强大的应用功能。

2. *库存管理系统的常用功能*

(1)日常收发存业务处理。库存管理系统的主要功能是对采购管理系统、销售管理系统及库存管理系统填制的各种出入库单据进行审核，并对存货的出入库数量进行管理。除管理采购业务、销售业务形成的入库和出库业务外，还可以处理仓库间的调拨业务、盘点业务、组装拆卸业务和形态转换业务等。

(2)库存控制。库存管理系统支持批次跟踪、安全库存管理，对超存、短存、呆滞积压和超额领料等情况进行报警。

(3)库存账簿及统计分析。库存管理系统可以提供出入库流水账、库存台账等供用户查询，同时提供各种统计汇总表。

3. *库存管理系统与其他系统的主要关系*

库存管理系统与基础设置系统共享基础数据。也就是说，库存管理系统需要的基础数据既可以在基础设置系统中统一设置，也可以在库存管理系统中自行输入，最终都是由各管理系统共享；采购管理系统中输入的采购入库单和受托代销入库单，可以在库存管理系统中审核确定，以证明入库单上的货物已经入库；销售管理系统根据发货单、委托代销结算单或发票生成的销售出库单进行审核确定，以证明出库单上的货物已经出库；库存管理系统为销售管理系统提供存货的可销售信息单，可提供各仓库、各存货、各批次、各自由项的结存情况；库存管理系统为存货核算系统提供各种出入库单据，在存货核算中记账，并生成凭证。库存管理系统与其他系统的主要关系如图 1-4 所示。

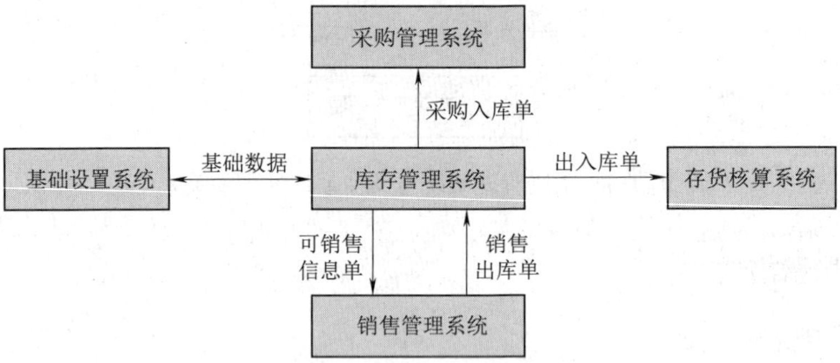


图 1-4　库存管理系统与其他系统的主要关系

## 四、财务场景描述

1. 总账管理系统概述

总账管理系统属于财务管理系统的一部分，而财务系统与其他系统成并行关系。总账系统既可独立运行，也可以同其他系统协同运转。总账主要通过凭证处理、出纳管理、账表管理、期末处理来实现对企业财务数据进行管理。高效全过程的自动化核算流程，帮助企业进一步挖掘企业内部资源。自动化核算保证了财务核算工作的准确和迅速，财务人员可以从繁杂的财务信息记录、核算工作中解脱出来，投入更多的精力在财务分析和决策领域，财务工作由核算型向核算管理型转移，核算流程中的各个角色获取及时、完整、一致、准确的账簿数据，实时进行事中控制。进一步参与单位的经营管理，在控制、决策、分析和考评等方面发挥更大的作用。

2. 总账管理系统的常用功能

(1)凭证处理。凭证的处理是总账系统日常业务中的关键环节，也是总账系统中最基本、最主要的数据来源，会计凭证的正确性将直接影响整个会计信息系统的真实性、可靠性。

(2)出纳管理。财务人员通过查询企业现金、银行日记账、银行对账，查询对账勾对情况，审计未达账项，掌握现金的流动情况，及时发现账实不符、账证不符、账账不符现象。对资金的追踪管理一般使用现金流量表。会计人员制定现金流量科目后，系统自动实时生成现金流量明细表、现金流量统计表，向财务经理、财务总监提供一定期间内现金流入和现金流出的信息，以便及时了解和评价企业获得现金的能力，预测企业未来现金流量情况。

(3)账表管理。总账系统在提供一般会计核算基础上，提供基本核算与辅助核算账簿管理功能。基本核算账簿管理主要包括总账、发生额和余额表、明细账、日记账、多栏账、日报表等；辅助核算账簿管理主要包括个人往来、客户往来、供应商往来、部门核算、项目核算账簿的总账和明细账，以及部门收支分析、项目统计表的查询与打印输出等。

(4)期末处理。期末处理主要包括费用的计提、分摊，成本结转、各类账户试算平衡，对账，结账等内容，这些业务数据主要来源于账簿记录。各会计期间的多数期末处理数量不太多，但数据处理较复杂，具有很强的规律性，因此比较适合利用计算机进行自动处理。

# 第二章 企业初始数据准备

## 第一节 静态数据准备

### 一、建账准备

公司名称:武汉海蓝贸易有限公司

账套名称:武汉海蓝贸易有限公司

启用会计期间:2017 年 01 月

备份路径:D://武汉海蓝贸易

单位地址:武汉市江汉区民权路 98 号汉来灯饰五金电料市场一楼 D54～55 号

联系电话:027-85378244

法人代表:左桃先

统一信用代码:91420103792418658H

对存货有分类、供应商、客户无分类,无外币业务。

分类编码方案:

| | |
|---|---|
| 科目编码级次 | 4-2-2-2-2 |
| 部门编码级次 | 2-2 |
| 存货分类编码级次 | 2-2-2-2 |
| 结算方式编码级次 | 1-1 |
| 收发类别编码级次 | 1-1 |

数据精度:该企业对存货数量、单位小数定为 2。

系统启用:启用总账、固定资产、核算、工资管理、购销存管理,启用时间为 2017-01-01。

角色分工及权限:

ZG02　ZG02　密码:空

角色:账套主管

004　石丽　密码:004

角色:财务主管

## 二、部门档案

| 部门编码 | 部门名称 | 部门编码 | 部门名称 |
|---|---|---|---|
| 01 | 总经办 | 05 | 金牛事业部 |
| 02 | 行政人事部 | 06 | 秋叶原事业部 |
| 03 | 财务部 | 07 | 飞利浦事业部 |
| 04 | 商务部 | 08 | 企划部 |

## 三、人员档案

| 职员编号 | 职员名称 | 所属部门 | 职员属性 |
|---|---|---|---|
| 0001 | 杨丹 | 总经办 | 总经理 |
| 0002 | 潘海琴 | 总经办 | 经理 |
| 0003 | 朱琳 | 行政人事部 | 职员 |
| 0005 | 何鹏飞 | 商务部 | 主管 |
| 0006 | 李翔 | 秋叶原事业部 | 主管 |
| 0007 | 黄兆丹 | 金牛事业部 | 主管 |
| 0008 | 陈琪鹏 | 飞利浦事业部 | 主管 |
| 0009 | 王宇 | 金牛事业部 | 业务员 |
| 0010 | 徐列 | 秋叶原事业部 | 业务员 |
| 0017 | 胡翠霞 | 商务部 | 职员 |
| 0019 | 汤玉飞 | 企划部 | 业务员 |
| 0021 | 江茵 | 企划部 | 主管 |
| 0033 | 蔡陈 | 飞利浦事业部 | 业务员 |
| 0037 | 周运兵 | 商务部 | 业务员 |
| 0039 | 石丽 | 财务部 | 职员 |
| 0040 | 周佩 | 财务部 | 职员 |

## 四、客户档案

| 客户编码 | 客户名称 | 客户简称 | 税号 | 开户行 | 银行账号 |
|---|---|---|---|---|---|
| 0200239 | 豪峰建材销售有限公司 | 豪峰建材 | 120009884731125 | 农行三江路支行 | 36542549 |
| 0200279 | 面对面装饰公司 | 面对面装饰 | 120009884732702 | 工行云锦路支行 | 36542234 |
| 0200304 | 飞利浦综合布线 FLP 公司 | 飞利浦布线 | 120009884710788 | 建行汉西二路支行 | 36542212 |
| 0200551 | 江南美装饰公司 | 江南美 | 120009884732123 | 建行东亭支行 | 36542205 |
| 0200596 | 京汉安驰商贸有限公司 | 京汉安驰商贸 | 108369856003204 | 工行青年路支行 | 69325502 |
| 0201483 | 山水人家装饰公司 | 山水人家 | 108369856008917 | 工行上地分行 | 73124553 |
| 0201967 | 天海饰家装饰公司 | 天海饰家装饰 | 120009884732712 | 工行汉西一路分行 | 69325581 |
| 0202299 | 佳顺建材销售有限公司 | 佳顺建材 | 310106548765412 | 工行额头湾支行 | 73853623 |
| 0202390 | 爱康企业集团(武汉)有限公司 | 爱康企业集团 | 310106548104310 | 工行洪山支行 | 41853654 |
| 0400006 | 武汉嘉禾装饰集团有限公司 | 嘉禾装饰 | 108369856004213 | 工行华府支行 | 69320912 |

## 五、供应商档案

| 编码 | 供应商名称 | 供应商简称 | 税号 | 开户行 | 银行账号 |
|---|---|---|---|---|---|
| 0100002 | 3M(中国)有限公司 | 3M(中国) | 110567453698062 | 中国银行 | 48723113 |
| 0100009 | 天津市高士达电器有限公司 | 高士达电器 | 110567453698012 | 中国银行 | 48723441 |
| 0100014 | 唐山斯托德电气设备有限公司 | 斯托德电气 | 110567453698090 | 中国银行 | 48723055 |
| 0100018 | 南通联荣电器有限公司 | 南通联荣电器 | 240567453698462 | 建设银行 | 67723367 |
| 0100051 | 武汉市飞利浦电器有限公司 | 飞利浦电器 | 241167453698462 | 建设银行 | 60173367 |
| 0100052 | 大华电气设备有限公司 | 大华电气 | 320888465372657 | 工商银行 | 55561278 |
| 0100055 | 深圳市和宏实业有限公司 | 和宏实业 | 320888465371157 | 工商银行 | 55560026 |
| 0100057 | 金牛管业(武汉)有限公司 | 金牛管业 | 310103695431012 | 工商银行 | 85115076 |
| 0100066 | 秋叶原电器有限公司 | 秋叶原电器 | 310103695431447 | 工商银行 | 85115118 |
| 0100084 | 湖北康居宝电气技术有限公司 | 康居宝电气 | 310103695431166 | 工商银行 | 85115995 |

## 六、结算方式

| 结算方式编码 | 结算方式名称 | 结算方式编码 | 结算方式名称 |
|---|---|---|---|
| 1 | 现金 | 3 | 银行承兑汇票 |
| 2 | 转账 | 4 | 刷卡 |

## 七、存货分类

| 分类编码 | 分类名称 | 分类编码 | 分类名称 |
|---|---|---|---|
| 02 | 秋叶原 | 031101 | DN16 |
| 0201 | 秋叶原一部 | 0312 | 黄绿线管 |
| 020101 | 网线 | 031201 | DN6 |
| 020102 | 工程线 | 031202 | 86 底盒 |
| 0204 | 秋叶原四部 | 04 | 飞利浦 |
| 020401 | 网线 | 0401 | 飞利浦弱电线 |
| 020402 | 电视线 | 040101 | 网线 |
| 03 | 金牛 | 040102 | 电视线 |
| 0301 | 绿翡翠 PPR 健康管 | 0402 | 飞利浦强电线 |
| 030101 | DN20 | 040201 | BV 线 |
| 0304 | 绿翡翠管件 | 05 | 3M 胶带 |
| 030401 | DN20 | 0504 | 900 |
| 030402 | DN25 | 050401 | 20 码 |
| 0311 | 红蓝线管 | | |

## 八、存货档案

| 存货编码 | 存货名称 | 所属分类 | 单位 | 辅计量单位 | 换算率 | 存货属性 | 参考成本 |
|---|---|---|---|---|---|---|---|
| 04010100001 | 飞利浦 SWA193393HB-100 CAT5E 灰色网线 | 040101 | 米 | 卷 | 100 | 销售外购 | 1.5 |
| 04010100012 | 飞利浦 SWA1931/93-305 蓝色 超五类网线 | 040101 | 米 | 卷 | 305 | 销售外购 | 1.35 |
| 04010200009 | 飞利浦 SWV3310/93-200 透明蓝 双屏蔽 96 编电视线 | 040102 | 米 | 卷 | 200 | 销售外购 | 1.52 |
| 04020100001 | SWA1956/93-100BV-15B 蓝色 | 040201 | 米 | 卷 | 100 | 销售外购 | 0.95 |
| 04020100003 | SWA1956/93-100BV-1.5G 绿色 | 040201 | 米 | 卷 | 100 | 销售外购 | 0.95 |
| 04020100004 | SWA1956/93-100BV-1.5R 红色 | 040201 | 米 | 卷 | 100 | 销售外购 | 0.95 |
| 04020100005 | SWA1956/93-100BV-1.5Y 黄色 | 040201 | 米 | 卷 | 100 | 销售外购 | 0.95 |
| 04020100006 | SWA1957/93-100BV-2.5B 蓝色 | 040201 | 米 | 卷 | 100 | 销售外购 | 1.55 |
| 303202803 | 金牛 PPR 绿翡翠 S3.2PN2.0MPa20 * 2.8 * 3M | 030101 | 米 | 袋 | 150 | 销售外购 | 1.5 |
| 304209001 | 金牛绿翡翠 90 弯头 20 mm | 030401 | 个 | 箱 | 180 | 销售外购 | 0.05 |
| 310160024H | 金牛 PVC-U 线管 16 * 2.4 M(红色) | 031101 | 米 | 根 | 2.4 | 销售外购 | 0.2 |
| 310160024L | 金牛 PVC-U 线管 16 * 2.4 M(蓝色) | 031101 | 米 | 根 | 2.4 | 销售外购 | 0.2 |
| 310160026H | 金牛 PVC 线管 16 * 2.6 M 家装专供(红色) | 031101 | 米 | 根 | 2.6 | 销售外购 | 0.2 |
| 311160026H | 金牛 PVC-U 线管 16 * 2.6 M(黄色) | 031201 | 米 | 根 | 2.6 | 销售外购 | 2.29 |
| 311160026L | 金牛 PVC-U 线管 16 * 2.6 M(绿色) | 031201 | 米 | 根 | 2.6 | 销售外购 | 1.2 |
| 311160026LXJH | 金牛 PVC 线管 16(黄色)乐享家专供 | 031201 | 米 | 根 | 2.6 | 销售外购 | 2.29 |
| 311160026LXJL | 金牛 PVC 线管 16(绿色)乐享家专供 | 031201 | 米 | 根 | 2.6 | 销售外购 | 2.29 |
| 311161001H | PVC 线管直接 16 mm(黄色) | 031201 | 个 | 包 | 200 | 销售外购 | 0.04 |
| 311161001L | PVC 线管直接 16 mm(绿色) | 031201 | 个 | 包 | 200 | 销售外购 | 0.04 |
| QF7716100R | QF7716RT100M 橙色五类双屏网线 | 020401 | 米 | 卷 | 100 | 销售外购 | 1.79 |
| QS2608AT305 | QS2608AT305 超五类非屏蔽网线 | 020101 | 米 | 卷 | 305 | 销售外购 | 0.98 |
| XS003896890 | 900#黑 250 17MM X 20yds | 050401 | 卷 | | | 销售外购 | 1.29 |
| YD0377305R | YD0377RT305M (橙色)五类双屏网线 | 020401 | 米 | 卷 | 305 | 销售外购 | 1.76 |

## 九、仓库档案

| 仓库编码 | 仓库名称 | 所属部门 | 计价方式 |
|---|---|---|---|
| 01 | 汉口北库 | 商务部 | 月末加权平均法 |
| 02 | 武昌库 | 商务部 | 月末加权平均法 |

## 十、资产类别

| 类别编码 | 类别名称 | 使用年限 | 净残值率% | 计量单位 | 折旧方法 | 增加当月计提折旧 |
|---|---|---|---|---|---|---|
| 01 | 房屋及建筑物 | 20 | 3 | 栋 | 平均年限法(一) | 否 |
| 02 | 交通运输设备 | 4 | 3 | 台 | 平均年限法(一) | 否 |
| 03 | 办公设备 | 5 | 3 | 台 | 平均年限法(一) | 否 |

## 十一、会计科目(指定会计科目)

| 科目编码 | 科 目 名 称 | 级次 | 余额方向 | 辅助核算 | 受控系统 |
|---|---|---|---|---|---|
| 1001 | 库存现金 | 1 | 借 | | |
| 1002 | 银行存款 | 1 | 借 | | |
| 100201 | 海蓝贸易建行 | 2 | 借 | | |
| 100202 | 农行 9115 | 2 | 借 | | |
| 100203 | 工行 3395 | 2 | 借 | | |
| 100204 | 招行 3758 | 2 | 借 | | |
| 1003 | 存放中央银行款项 | 1 | 借 | | |
| 1011 | 存放同业 | 1 | 借 | | |
| 1012 | 其他货币资金 | 1 | 借 | | |
| 1021 | 结算备付金 | 1 | 借 | | |
| 1031 | 存出保证金 | 1 | 借 | | |
| 1101 | 交易性金融资产 | 1 | 借 | | |
| 1111 | 买入返售金融资产 | 1 | 借 | | |
| 1121 | 应收票据 | 1 | 借 | | |
| 1122 | 应收账款 | 1 | 借 | 客户往来 | 应收 |
| 1123 | 预付账款 | 1 | 借 | 供应商往来 | |
| 1131 | 应收股利 | 1 | 借 | | |
| 1132 | 应收利息 | 1 | 借 | | |
| 1201 | 应收代位追偿款 | 1 | 借 | | |
| 1211 | 应收分保账款 | 1 | 借 | | |
| 1212 | 应收分保合同准备金 | 1 | 借 | | |
| 1221 | 其他应收款 | 1 | 借 | | |
| 122101 | 往来借款 | 2 | 借 | 部门核算 | |
| 12210101 | 经营性借款 | 3 | 借 | 部门核算 | |
| 12210102 | 个人借款 | 3 | 借 | 个人往来 | |
| 122102 | 押金 | 2 | 借 | 部门客户 | |
| 122103 | 保证金 | 2 | 借 | 客户往来 | |
| 122104 | 代扣代缴 | 2 | 借 | | |

续表

| 科目编码 | 科　目　名　称 | 级次 | 余额方向 | 辅助核算 | 受控系统 |
|---|---|---|---|---|---|
| 122105 | 代垫客户费用 | 2 | 借 | 部门核算 | |
| 122199 | 其他 | 2 | 借 | 部门核算 | |
| 1231 | 坏账准备 | 1 | 贷 | | |
| 1301 | 贴现资产 | 1 | 借 | | |
| 1302 | 拆出资金 | 1 | 借 | | |
| 1303 | 贷款 | 1 | 借 | | |
| 1304 | 贷款损失准备 | 1 | 贷 | | |
| 1311 | 代理兑付证券 | 1 | 借 | | |
| 1321 | 代理业务资产 | 1 | 借 | | |
| 1401 | 材料采购 | 1 | 借 | | |
| 1402 | 在途物资 | 1 | 借 | | |
| 1403 | 原材料 | 1 | 借 | | |
| 1404 | 材料成本差异 | 1 | 借 | | |
| 1405 | 库存商品 | 1 | 借 | | |
| 140501 | 秋叶原 | 2 | 借 | | |
| 140502 | 金牛 | 2 | 借 | | |
| 140503 | 飞利浦 | 2 | 借 | | |
| 140504 | 3M 胶带 | 2 | 借 | | |
| 140599 | 其他 | 2 | 借 | | |
| 1406 | 发出商品 | 1 | 借 | | |
| 1407 | 商品进销差价 | 1 | 借 | | |
| 1408 | 委托加工物资 | 1 | 借 | | |
| 1411 | 周转材料 | 1 | 借 | | |
| 1421 | 消耗性生物资产 | 1 | 借 | | |
| 1431 | 贵金属 | 1 | 借 | | |
| 1441 | 抵债资产 | 1 | 借 | | |
| 1451 | 损余物资 | 1 | 借 | | |
| 1461 | 融资租赁资产 | 1 | 借 | | |
| 1471 | 存货跌价准备 | 1 | 贷 | | |
| 1501 | 持有至到期投资 | 1 | 借 | | |
| 1502 | 持有至到期投资减值准备 | 1 | 贷 | | |
| 1503 | 可供出售金融资产 | 1 | 借 | | |
| 1511 | 长期股权投资 | 1 | 借 | | |
| 1512 | 长期股权投资减值准备 | 1 | 贷 | | |
| 1521 | 投资性房地产 | 1 | 借 | | |
| 1531 | 长期应收款 | 1 | 借 | | |

续表

| 科目编码 | 科 目 名 称 | 级次 | 余额方向 | 辅助核算 | 受控系统 |
|---|---|---|---|---|---|
| 1532 | 未实现融资收益 | 1 | 借 | | |
| 1541 | 存出资本保证金 | 1 | 借 | | |
| 1601 | 固定资产 | 1 | 借 | | |
| 160101 | 房屋 | 2 | 借 | | |
| 160102 | 交通运输设备 | 2 | 借 | | |
| 160103 | 办公设备 | 2 | 借 | | |
| 1602 | 累计折旧 | 1 | 贷 | | |
| 1603 | 固定资产减值准备 | 1 | 贷 | | |
| 1604 | 在建工程 | 1 | 借 | | |
| 1605 | 工程物资 | 1 | 借 | | |
| 1606 | 固定资产清理 | 1 | 借 | | |
| 1611 | 未担保余值 | 1 | 借 | | |
| 1621 | 生产性生物资产 | 1 | 借 | | |
| 1622 | 生产性生物资产累计折旧 | 1 | 贷 | | |
| 1623 | 公益性生物资产 | 1 | 借 | | |
| 1631 | 油气资产 | 1 | 借 | | |
| 1632 | 累计折耗 | 1 | 借 | | |
| 1701 | 无形资产 | 1 | 借 | | |
| 1702 | 累计摊销 | 1 | 贷 | | |
| 1703 | 无形资产减值准备 | 1 | 贷 | | |
| 1711 | 商誉 | 1 | 借 | | |
| 1801 | 长期待摊费用 | 1 | 借 | | |
| 1811 | 递延所得税资产 | 1 | 借 | | |
| 1821 | 独立账户资产 | 1 | 借 | | |
| 1901 | 待处理财产损溢 | 1 | 借 | | |
| 2001 | 短期借款 | 1 | 贷 | | |
| 2002 | 存入保证金 | 1 | 贷 | | |
| 2003 | 拆入资金 | 1 | 贷 | | |
| 2004 | 向中央银行借款 | 1 | 贷 | | |
| 2011 | 吸收存款 | 1 | 贷 | | |
| 2012 | 同业存放 | 1 | 贷 | | |
| 2021 | 贴现负债 | 1 | 贷 | | |
| 2101 | 交易性金融负债 | 1 | 贷 | | |
| 2111 | 卖出回购金融资产款 | 1 | 贷 | | |
| 2201 | 应付票据 | 1 | 贷 | | |
| 2202 | 应付账款 | 1 | 贷 | 供应商往来 | |

续表

| 科目编码 | 科　目　名　称 | 级次 | 余额方向 | 辅助核算 | 受控系统 |
|---|---|---|---|---|---|
| 220201 | 供应商应付款 | 2 | 贷 | 供应商往来 | 应付 |
| 220202 | 应付暂估款 | 2 | 贷 | 供应商往来 | |
| 2203 | 预收账款 | 1 | 贷 | 客户往来 | |
| 2211 | 应付职工薪酬 | 1 | 贷 | | |
| 221101 | 应付职工工资 | 2 | 贷 | | |
| 221102 | 应付奖金、津贴和补贴 | 2 | 贷 | | |
| 221103 | 应付福利费 | 2 | 贷 | | |
| 221104 | 社会保险费 | 2 | 贷 | | |
| 221105 | 工会经费 | 2 | 贷 | | |
| 221106 | 教育经费 | 2 | 贷 | | |
| 2221 | 应交税费 | 1 | 贷 | | |
| 222101 | 应交增值税 | 2 | 贷 | | |
| 22210101 | 进项税额 | 3 | 贷 | | |
| 22210102 | 销项税额 | 3 | 贷 | | |
| 22210103 | 转出未交增值税 | 3 | 贷 | | |
| 22210104 | 进项税额转出 | 3 | 贷 | | |
| 222102 | 未交增值税 | 2 | 贷 | | |
| 222103 | 应交营业税 | 2 | 贷 | | |
| 222104 | 应交消费税 | 2 | 贷 | | |
| 222105 | 应交所得说 | 2 | 贷 | | |
| 222106 | 应交个人所得税 | 2 | 贷 | | |
| 222107 | 教育附加 | 2 | 贷 | | |
| 2231 | 应付利息 | 1 | 贷 | | |
| 2232 | 应付股利 | 1 | 贷 | | |
| 2241 | 其他应付款 | 1 | 贷 | | |
| 2251 | 应付保单红利 | 1 | 贷 | | |
| 2261 | 应付分保账款 | 1 | 贷 | | |
| 2311 | 代理买卖证券款 | 1 | 贷 | | |
| 2312 | 代理承销证券款 | 1 | 贷 | | |
| 2313 | 代理兑付证券款 | 1 | 贷 | | |
| 2314 | 代理业务负债 | 1 | 贷 | | |
| 2401 | 递延收益 | 1 | 贷 | | |
| 2501 | 长期借款 | 1 | 贷 | | |
| 2502 | 应付债券 | 1 | 贷 | | |
| 2601 | 未到期责任准备金 | 1 | 贷 | | |
| 2602 | 保险责任准备金 | 1 | 贷 | | |

续表

| 科目编码 | 科　目　名　称 | 级次 | 余额方向 | 辅助核算 | 受控系统 |
|---|---|---|---|---|---|
| 2611 | 保户储金 | 1 | 贷 | | |
| 2621 | 独立账户负债 | 1 | 贷 | | |
| 2701 | 长期应付款 | 1 | 贷 | | |
| 2702 | 未确认融资费用 | 1 | 贷 | | |
| 2711 | 专项应付款 | 1 | 贷 | | |
| 2801 | 预计负债 | 1 | 贷 | | |
| 2901 | 递延所得税负债 | 1 | 贷 | | |
| 3001 | 清算资金往来 | 1 | 借 | | |
| 3002 | 货币兑换 | 1 | 借 | | |
| 3101 | 衍生工具 | 1 | 借 | | |
| 3201 | 套期工具 | 1 | 借 | | |
| 3202 | 被套期项目 | 1 | 借 | | |
| 4001 | 实收资本 | 1 | 贷 | | |
| 4002 | 资本公积 | 1 | 贷 | | |
| 4101 | 盈余公积 | 1 | 贷 | | |
| 4102 | 一般风险准备 | 1 | 贷 | | |
| 4103 | 本年利润 | 1 | 贷 | | |
| 4104 | 利润分配 | 1 | 贷 | | |
| 410401 | 　未分配利润 | 2 | 贷 | | |
| 4201 | 库存股 | 1 | 贷 | | |
| 5001 | 生产成本 | 1 | 借 | | |
| 5101 | 制造费用 | 1 | 借 | | |
| 5201 | 劳务成本 | 1 | 借 | | |
| 5301 | 研发支出 | 1 | 借 | | |
| 5401 | 工程施工 | 1 | 借 | | |
| 5402 | 工程结算 | 1 | 借 | | |
| 5403 | 机械作业 | 1 | 借 | | |
| 6001 | 主营业务收入 | 1 | 贷 | | |
| 600101 | 　秋叶原 | 2 | 贷 | | |
| 600102 | 　金牛 | 2 | 贷 | | |
| 600103 | 　飞利浦 | 2 | 贷 | | |
| 600104 | 　3M 胶带 | 2 | 贷 | | |
| 6011 | 利息收入 | 1 | 贷 | | |
| 6021 | 手续费及佣金收入 | 1 | 贷 | | |
| 6031 | 保费收入 | 1 | 贷 | | |
| 6041 | 租赁收入 | 1 | 贷 | | |

续表

| 科目编码 | 科目名称 | 级次 | 余额方向 | 辅助核算 | 受控系统 |
|---|---|---|---|---|---|
| 6051 | 其他业务收入 | 1 | 贷 | | |
| 6061 | 汇兑损益 | 1 | 借 | | |
| 6101 | 公允价值变动损益 | 1 | 借 | | |
| 6111 | 投资收益 | 1 | 贷 | | |
| 6201 | 摊回保险责任准备金 | 1 | 借 | | |
| 6202 | 摊回赔付支出 | 1 | 借 | | |
| 6203 | 摊回分保费用 | 1 | 借 | | |
| 6301 | 营业外收入 | 1 | 贷 | | |
| 6401 | 主营业务成本 | 1 | 借 | | |
| 640101 | 秋叶原 | 2 | 借 | | |
| 640102 | 金牛 | 2 | 借 | | |
| 640103 | 飞利浦 | 2 | 借 | | |
| 640104 | 3M 胶带 | 2 | 借 | | |
| 6402 | 其他业务成本 | 1 | 借 | | |
| 6403 | 营业税金及附加 | 1 | 借 | | |
| 6411 | 利息支出 | 1 | 借 | | |
| 6421 | 手续费及佣金支出 | 1 | 借 | | |
| 6501 | 提取未到期责任准备金 | 1 | 借 | | |
| 6502 | 提取保险责任准备金 | 1 | 借 | | |
| 6511 | 赔付支出 | 1 | 借 | | |
| 6521 | 保单红利支出 | 1 | 借 | | |
| 6531 | 退保金 | 1 | 借 | | |
| 6541 | 分出保费 | 1 | 借 | | |
| 6542 | 分保费用 | 1 | 借 | | |
| 6601 | 销售费用 | 1 | 借 | | |
| 660101 | 工资 | 2 | 借 | 部门核算 | |
| 660102 | 社保 | 2 | 借 | 部门核算 | |
| 660103 | 福利费 | 2 | 借 | 部门核算 | |
| 660104 | 水电费 | 2 | 借 | 部门核算 | |
| 660105 | 车辆费 | 2 | 借 | 部门核算 | |
| 66010501 | 加油费 | 3 | 借 | 部门核算 | |
| 66010502 | 路桥 ETC 费 | 3 | 借 | 部门核算 | |
| 66010503 | 停车费 | 3 | 借 | 部门核算 | |
| 66010504 | 维修年检费 | 3 | 借 | 部门核算 | |
| 66010505 | 车辆保险费 | 3 | 借 | 部门核算 | |
| 66010506 | 罚款 | 3 | 借 | 部门核算 | |

续表

| 科目编码 | 科　目　名　称 | 级次 | 余额方向 | 辅助核算 | 受控系统 |
|---|---|---|---|---|---|
| 660106 | 房屋租赁费 | 2 | 借 | 部门核算 | |
| 660107 | 物业管理费 | 2 | 借 | 部门核算 | |
| 660108 | 办公费 | 2 | 借 | 部门核算 | |
| 660109 | 低值易耗品 | 2 | 借 | 部门核算 | |
| 660110 | 通信费 | 2 | 借 | 部门核算 | |
| 660111 | 差旅费 | 2 | 借 | 部门核算 | |
| 660112 | 交通费 | 2 | 借 | 部门核算 | |
| 660113 | 招待费 | 2 | 借 | 部门核算 | |
| 660114 | 维修费 | 2 | 借 | 部门核算 | |
| 660115 | 邮寄费 | 2 | 借 | 部门核算 | |
| 660116 | 物流配送费 | 2 | 借 | 部门核算 | |
| 66011601 | 请车费 | 3 | 借 | 部门核算 | |
| 66011602 | 搬运费 | 3 | 借 | 部门核算 | |
| 660117 | 销售返利 | 2 | 借 | 部门核算 | |
| 660118 | 售后服务费 | 2 | 借 | 部门核算 | |
| 660119 | 进场费 | 2 | 借 | 部门核算 | |
| 6602 | 管理费用 | 1 | 借 | | |
| 660201 | 工资 | 2 | 借 | 部门核算 | |
| 660202 | 社保 | 2 | 借 | 部门核算 | |
| 660203 | 福利费 | 2 | 借 | 部门核算 | |
| 660204 | 水电费 | 2 | 借 | 部门核算 | |
| 660205 | 车辆费 | 2 | 借 | 部门核算 | |
| 66020501 | 加油费 | 3 | 借 | 部门核算 | |
| 66020502 | 路桥 ETC 费 | 3 | 借 | 部门核算 | |
| 66020503 | 停车费 | 3 | 借 | 部门核算 | |
| 66020504 | 维修年检费 | 3 | 借 | 部门核算 | |
| 66020505 | 车辆保险费 | 3 | 借 | 部门核算 | |
| 66020506 | 罚款 | 3 | 借 | 部门核算 | |
| 660206 | 房屋租赁费 | 2 | 借 | 部门核算 | |
| 660207 | 物业管理费 | 2 | 借 | 部门核算 | |
| 660208 | 办公费 | 2 | 借 | 部门核算 | |
| 660209 | 低值易耗品 | 2 | 借 | 部门核算 | |
| 660210 | 通信费 | 2 | 借 | 部门核算 | |
| 660211 | 差旅费 | 2 | 借 | 部门核算 | |
| 660212 | 交通费 | 2 | 借 | 部门核算 | |
| 660213 | 招待费 | 2 | 借 | 部门核算 | |

续表

| 科目编码 | 科目名称 | 级次 | 余额方向 | 辅助核算 | 受控系统 |
|---|---|---|---|---|---|
| 660214 | 维修费 | 2 | 借 | 部门核算 | |
| 660215 | 邮寄费 | 2 | 借 | 部门核算 | |
| 660216 | 保险费 | 2 | 借 | 部门核算 | |
| 660217 | 折旧费 | 2 | 借 | | |
| 660218 | 物流费 | 2 | 借 | 部门核算 | |
| 660219 | 诉讼费 | 2 | 借 | 部门核算 | |
| 660220 | 工会经费 | 2 | 借 | | |
| 660221 | 职工教育经费 | 2 | 借 | | |
| 6603 | 财务费用 | 1 | 借 | | |
| 660301 | 利息费用 | 2 | 借 | | |
| 660302 | 手续费 | 2 | 借 | | |
| 660303 | 现金返款 | 2 | 借 | 客户往来 | |
| 660304 | 折扣折让 | 2 | 借 | 客户往来 | |
| 6604 | 勘探费用 | 1 | 借 | | |
| 6701 | 资产减值损失 | 1 | 借 | | |
| 6711 | 营业外支出 | 1 | 借 | | |
| 6801 | 所得税费用 | 1 | 借 | | |
| 6901 | 以前年度损益调整 | 1 | 借 | | |

## 十二、部门及对应折旧科目

| 部门 | 对应折旧科目 |
|---|---|
| 总经办/行政人事部/财务部 | 660217 |
| 商务部/金牛事业部/秋叶原事业部/飞利浦事业部 | 660217 |

## 十三、凭证类别设置

请将凭证类别级置成:记账凭证。

# 第二节 动态数据准备

## 一、应付期初余额明细

应付账款科目的期初余额为 240 080.00 元,其他应付单见下表。

| 日期 | 供应商 | 科目 | 采购部门 | 金额 | 业务员 |
|---|---|---|---|---|---|
| 2016-12-20 | 金牛管业(武汉)有限公司 | 220201 | 商务部 | 40 500.00 | 何鹏飞 |
| 2016-12-10 | 湖北康居宝电气技术有限公司 | 220201 | 商务部 | 31 000.00 | 周运兵 |

续表

| 日期 | 供应商 | 科目 | 采购部门 | 金额 | 业务员 |
|---|---|---|---|---|---|
| 2016-11-25 | 深圳市和宏实业有限公司 | 220201 | 总经办 | 10 580.00 | 潘海琴 |
| 2016-12-15 | 3M(中国)有限公司 | 220201 | 总经办 | 35 000.00 | 潘海琴 |
| 2016-12-18 | 天津市高士达电器有限公司 | 220201 | 总经办 | 38 600.00 | 潘海琴 |
| 2016-12-20 | 唐山斯托德电气设备有限公司 | 220201 | 总经办 | 15 800.00 | 杨丹 |
| 2016-12-22 | 南通联荣电器有限公司 | 220201 | 总经办 | 28 750.00 | 杨丹 |
| 2016-12-15 | 武汉市飞利浦电器 | 220201 | 商务部 | 39 850.00 | 周运兵 |

## 二、采购暂估期初明细(期初采购入库单)

| 日期 | 供应商 | 存货编码 | 数量 | 单价 | 价税合计 | 仓库 |
|---|---|---|---|---|---|---|
| 2016-12-15 | 金牛管业 | 304209001 | 8 000 | 0.05 | 468.00 | 武昌库 |

## 三、应收期初余额明细

应收账款科目的期初余额为 775 812.00 元。

**普通发票**(发票号 140501)

| 日期 | 客户 | 销售部门 | 科目 | 货物编码 | 数量 | 单价 | 金额 |
|---|---|---|---|---|---|---|---|
| 2016-12-16 | 飞利浦布线 | 飞利浦事业部 | 1122 | 04020100001 | 8 500 | 1.42 | 12 070.00 |
| 2016-12-16 | 飞利浦布线 | 飞利浦事业部 | 1122 | 04020100003 | 9 100 | 1.42 | 12 922.00 |
| 2016-12-16 | 飞利浦布线 | 飞利浦事业部 | 1122 | 04020100004 | 8 200 | 1.42 | 11 644.00 |
| 2016-12-16 | 飞利浦布线 | 飞利浦事业部 | 1122 | 04020100005 | 9 000 | 1.42 | 12 780.00 |
| 2016-12-16 | 飞利浦布线 | 飞利浦事业部 | 1122 | 04020100006 | 8 800 | 1.42 | 12 496.00 |

**其他应收单**

| 日期 | 客户 | 销售部门 | 科目 | 金额 |
|---|---|---|---|---|
| 2016-12-10 | 爱康集团 | 秋叶原事业部 | 1122 | 87 900.00 |
| 2016-11-15 | 江南美 | 金牛事业部 | 1122 | 85 800.00 |
| 2016-12-20 | 面对面装饰 | 飞利浦事业部 | 1122 | 90 500.00 |
| 2016-11-25 | 嘉禾装饰 | 金牛事业部 | 1122 | 89 500.00 |
| 2016-12-11 | 安驰商贸 | 商务部 | 1122 | 75 400.00 |
| 2016-12-25 | 佳顺建材 | 金牛事业部 | 1122 | 76 300.00 |
| 2016-12-28 | 豪峰建材 | 秋叶原事业部 | 1122 | 67 200.00 |
| 2016-12-30 | 山水人家 | 秋叶原事业部 | 1122 | 71 500.00 |
| 2016-12-25 | 天海饰家装饰 | 金牛事业部 | 1122 | 69 800.00 |

## 四、固定资产原始卡片

| 资产名称 | 类别编号 | 固定资产编号 | 规格型号 | 部门 | 增加方式 | 使用年限 | 开始使用日期 | 原值 | 累计折旧 | 对应折旧科目 |
|---|---|---|---|---|---|---|---|---|---|---|
| 轿车 | 02 | 0001 | | 总经办 | 直接购入 | 4 | 2016-07-1 | 225 000.00 | 22 725.00 | 660 217 |
| 笔记本计算机 | 03 | 0002 | 联想 3 台 | 商务部 | 直接购入 | 5 | 2016-05-1 | 50 000.00 | 5 670.80 | 660 217 |
| 台式计算机 | 03 | 0003 | 10 台 | 商务部 | 直接购入 | 5 | 2016-10-1 | 40 000.00 | 1 296.00 | 660 217 |
| 仓库 | 01 | 0004 | | 总经办 | 直接购入 | 20 | 2015-12-1 | 200 000.00 | 9 600.00 | 660 217 |
| 合计 | | | | | | | | 515 000.00 | 39 291.80 | |

## 五、库存与存货系统期初

| 仓库名称 | 存货编码 | 数　量 | 单　价 |
|---|---|---|---|
| 汉口北库 | 04010100012 | 20 000 | 1.35 |
| 汉口北库 | 04010200009 | 6 200 | 1.52 |
| 汉口北库 | 04020100003 | 4 900 | 0.95 |
| 汉口北库 | 304209001 | 3 000 | 0.05 |
| 汉口北库 | QF7716100R | 5 500 | 1.00 |
| 汉口北库 | XS003896890 | 4 000 | 1.29 |
| 汉口北库 | YD0377305R | 5 200 | 1.76 |
| 武昌库 | 04010100001 | 4 800 | 1.50 |
| 武昌库 | 303202803 | 5 000 | 1.50 |
| 武昌库 | 304209001 | 6 800 | 0.05 |
| 武昌库 | 310160024H | 18 000 | 0.20 |
| 武昌库 | 310160024L | 9 000 | 0.20 |
| 武昌库 | 310160026H | 15 900 | 0.20 |
| 武昌库 | 311160026H | 12 000 | 1.20 |
| 武昌库 | 311160026L | 5 900 | 1.20 |
| 武昌库 | 311160026LXJH | 8 800 | 2.29 |
| 武昌库 | 311160026LXJL | 5 400 | 2.29 |
| 武昌库 | 311161001H | 25 000 | 0.04 |

## 八、总账期初余额

| 科目编码 | 科目名称 | 级次 | 余额方向 | 期初余额 |
|---|---|---|---|---|
| 1001 | 库存现金 | 1 | 借 | 69 170.97 |
| 1002 | 银行存款 | 1 | 借 | 1 049 400.00 |
| 100201 | 海蓝贸易建行 | 2 | 借 | 241 000.00 |
| 100202 | 农行 9115 | 2 | 借 | 218 900.00 |
| 100203 | 工行 3395 | 2 | 借 | 380 500.00 |
| 100204 | 招行 3758 | 2 | 借 | 209 000.00 |
| 1122 | 应收账款 | 1 | 借 | 775 812.00 |
| 1221 | 其他应收款 | 1 | 借 | 2 000.00 |
| 122101 | 往来借款 | 2 | 借 | 2 000.00 |
| 12210102 | 个人借款 | 3 | 借 | 2 000.00 |
| 1405 | 库存商品 | 1 | 借 | 139 659.00 |
| 140501 | 秋叶原 | 2 | 借 | 14 652.00 |
| 140502 | 金牛 | 2 | 借 | 71 568.00 |
| 140503 | 飞利浦 | 2 | 借 | 48 279.00 |
| 140504 | 3M 胶带 | 2 | 借 | 5 160.00 |
| 1601 | 固定资产 | 1 | 借 | 515 000.00 |
| 160101 | 房屋 | 2 | 借 | 200 000.00 |
| 160102 | 交通运输设备 | 2 | 借 | 225 000.00 |
| 160103 | 办公设备 | 2 | 借 | 90 000.00 |
| 1602 | 累计折旧 | 1 | 贷 | 39 291.00 |
| 2001 | 短期借款 | 1 | 贷 | 500 000.00 |
| 2202 | 应付账款 | 1 | 贷 | 240 480.00 |
| 220201 | 供应商应付款 | 2 | 贷 | 240 080.00 |
| 220202 | 应付暂估款 | 2 | 贷 | 400.00 |
| 4104 | 利润分配 | 1 | 贷 | 1 771 270.97 |
| 410401 | 未分配利润 | 2 | 贷 | 1 771 270.97 |

# 第三节　业务流程规则说明

## 一、销售选项设置

销售生成出库单；报价不含税；允许零出库；可修改其他操作员单据；按存货价格进行价格管理。

## 二、采购选项设置

允许查看修改他人的单据;采购入库单单价不能超采购订单;采购入库单数量不能超采购订单;最高进价控制不包含采购入库单;专用发票默认税率为17%;入库单单价录入方式参考成本。

## 三、库存选项设置

无形态转换业务;无批次管理;无组装拆卸业务;不允许零出库;库存系统不生成销售出库单;本人填制的单据不允许他人修改;可用量公式为:可用量=现存量-待发货数+待入库数。

## 四、存货核算选项设置

核算方式:按仓库核算。暂估方式:单到回冲。销售成本核算方式:销售出库单。允许查看修改他人单据:是。允许零出库:否。零出库成本选择:上次出库成本。入库成本选择:手工输入。红字出库成本:手工输入。

## 五、应收选项设置

应收款核销方式:按单据。预收款核销方式:按余额。汇兑损益方式:月末处理。应收确认日期依据为单据日期;显示现金折扣。

## 六、应付选项设置

应付款核销方式为按单据核销。预付款核销方式为按余额核销。汇兑损益方式:月末处理。应付确认日期依据:业务日期。显示现金折扣。

## 七、固定资产选项设置

与账务系统进行对账;在对账不平情况下允许固定资产月末结账;业务发生后立即制单;月末结账前一定要完成制单登账业务;当月减少的固定资产当月仍提折旧。

## 八、总账选项设置

(1)取消制单序时控制;可以使用其他系统受控科目;资金及往来赤字控制;允许查看他人填制凭证;未审核的凭证不允许记账;凭证编号方式为系统编号;出纳凭证必须经由出纳签字;制单权限不控制到科目;现金流量项目必录。

(2)自动转账定义设置。

①计提短期供款利息,按短期供款期末余额的0.5%计提短期借款利息。

借:财务费用/利息支出(660301)　QM(2001,月)×0.005

　贷:应付利息(2231)　JG(　)

②结转应交增值税(销项税额)。

借:应交税费/应交增值税/销项税额　QM(22210102,月)

　贷:应交税费/应交增值税/转出未交增值税　JG(　)

③结转应交增值税(进项税额)。

借:应交税费/应交增值税/转出未交增值税　JG(　)

　贷:应交税费/应交增值税/进项税额　QM(22210101,月)

④结转未交增值税。

借:应交税费/应交增值税/转出未交增值税　　　　QM(22210103,月)

　贷:应交税费/未交增值税　　　　　　　　　　　　JG(　)

(3)期间损益结转。

转入本年利润 4 103 元。

## 九、工资模块初始设置

1. 建立工资账套

工资类别个数:单个。核算币种:人民币(RMB)。要求代扣个人所得税。不进行扣零处理。人员编码长度:3 位。启用日期:2017 年 01 月。

2. 工资项目设置

| 项目名称 | 类　型 | 长　度 | 小数位数 | 增减项 |
|---|---|---|---|---|
| 基本工资 | 数字 | 8 | 2 | 增项 |
| 奖金 | 数字 | 8 | 2 | 增项 |
| 交补 | 数字 | 8 | 2 | 增项 |
| 应发合计 | 数字 | 10 | 2 | 增项 |
| 事假扣款 | 数字 | 8 | 2 | 减项 |
| 社保扣款 | 数字 | 8 | 2 | 减项 |
| 扣款合计 | 数字 | 10 | 2 | 减项 |
| 实发合计 | 数字 | 10 | 2 | 增项 |
| 代扣税 | 数字 | 10 | 2 | 减项 |
| 事假天数 | 数字 | 8 | 2 | 其他 |
| 应付工资 | 数字 | 10 | 2 | 其他 |
| 税前工资 | 数字 | 10 | 2 | 其他 |

3. 人员档案

| 人员编号 | 人员姓名 | 部门名称 | 人员类别 | 账　号 | 是否计税 |
|---|---|---|---|---|---|
| 0001 | 杨丹 | 总经办 | 管理人员 | 30040060001 | 是 |
| 0002 | 潘海琴 | 总经办 | 管理人员 | 30040060002 | 是 |
| 0003 | 朱琳 | 行政人事部 | 普通员工 | 30040060003 | 是 |
| 0005 | 何鹏飞 | 商务部 | 管理人员 | 30040060004 | 是 |
| 0006 | 李翔 | 秋叶原事业部 | 管理人员 | 30040060005 | 是 |
| 0007 | 黄兆丹 | 金牛事业部 | 管理人员 | 30040060006 | 是 |
| 0008 | 陈琪鹏 | 飞利浦事业部 | 管理人员 | 30040060007 | 是 |
| 0009 | 王宇 | 金牛事业部 | 业务员 | 30040060008 | 是 |
| 0010 | 徐列 | 秋叶原事业部 | 业务员 | 30040060009 | 是 |
| 0017 | 胡翠霞 | 商务部 | 普通员工 | 30040060010 | 是 |
| 0033 | 蔡陈 | 飞利浦事业部 | 业务员 | 30040060011 | 是 |

续表

| 人员编号 | 人员姓名 | 部门名称 | 人员类别 | 账　号 | 是否计税 |
|---|---|---|---|---|---|
| 0037 | 周运兵 | 商务部 | 业务员 | 30040060012 | 是 |
| 0039 | 石丽 | 财务部 | 普通员工 | 30040060013 | 是 |
| 0040 | 周佩 | 财务部 | 普通员工 | 30040060014 | 是 |

注:以上所有人员的代发银行均为工商银行江汉路分行。

4.计算工资

| 工　资　项　目 | 定　义　公　式 |
|---|---|
| 应发合计 | 基本工资+奖金+交补 |
| 交补 | Iff(人员类别="管理人员",200,100) |
| 社保扣款 | (基本工资+奖金)×0.1 |
| 事假扣款 | 事假天数×50 |
| 应付工资 | 应发合计-事假扣款 |
| 税前工资 | 应付工资-社保扣款 |
| 实发合计 | 税前工资-代扣税 |

5.银行名称

工商银行江汉路分行,账号定长为11。

6.工资变动表

| 姓　　名 | 基　本　工　资 | 奖　励　工　资 |
|---|---|---|
| 杨丹 | 6 000.00 | 500.00 |
| 潘海琴 | 5 000.00 | 500.00 |
| 朱琳 | 2 500.00 | 200.00 |
| 何鹏飞 | 4 000.00 | 300.00 |
| 李翔 | 4 000.00 | 300.00 |
| 黄兆丹 | 4 000.00 | 300.00 |
| 陈琪鹏 | 4 000.00 | 300.00 |
| 王宇 | 3 000.00 | 300.00 |
| 徐列 | 3 000.00 | 300.00 |
| 胡翠霞 | 2 500.00 | 200.00 |
| 蔡陈 | 3 000.00 | 300.00 |
| 周运兵 | 3 000.00 | 300.00 |
| 石丽 | 3 500.00 | 300.00 |
| 周佩 | 3 000.00 | 200.00 |

7.代扣个人所得税

计税基数3 500元。

8. 工资分摊

应付工资总额等于工资项目“实发合计”，工会经费、职工教育经费也以此为计提基数。工资费用分配的转账分录如下表：

<table>
<tr><th colspan="2" rowspan="2">部门分摊 / 工资</th><th colspan="2">应付职工薪酬(100%)</th><th colspan="2">工会经费(2%)</th><th colspan="2">职工教育经费(1.5%)</th></tr>
<tr><th>借方科目</th><th>贷方科目</th><th>借方科目</th><th>贷方科目</th><th>借方科目</th><th>贷方科目</th></tr>
<tr><td>总经办/商务部/金牛事业部/秋叶原事业部/飞利浦事业部</td><td>管理人员</td><td>660 201</td><td>221 101</td><td rowspan="3">660 220</td><td rowspan="3">221 105</td><td rowspan="3">660 221</td><td rowspan="3">221 106</td></tr>
<tr><td>商务部/金牛事业部/秋叶原事业部/飞利浦事业部</td><td>业务员</td><td>660 101</td><td>221 101</td></tr>
<tr><td>人事行政部/财务部/商务部/金牛事业部/秋叶原事业部/飞利浦事业部</td><td>普通员工</td><td>660 201</td><td>221 101</td></tr>
</table>

# 第三章
# 企业实务数据案例

请根据 2017 年 1 月份完整的企业会计数据业务完成实训。

(1)2017 年 1 月 1 日，向供应商金牛管业采购金牛 PPR 绿翡翠 S3.2PN2.0MPa20 * 2.8 * 3M(编码 303202803)8 100 m，含税单价 1.76 元。验收入武昌库，并收到采购专用发票一张，票号 150208，立即以建行转账支票支付货款，票号 Y0102。

(2)2017 年 1 月 3 日，业务员王宇向湖北康居宝电气技术有限公司询问 PVC 线管直接 16 mm(黄色)(编码 311161001H)和 VC 线管直接 16 mm(绿色)(编码 311161001L)价格，觉得无税单价 0.04 元的价格合适，提出请购要求，两种线管请购数量均为 14 400 个，上级主管同意上述请购要求，王宇向湖北康居宝电气技术有限公司下达订单，要求到货日期为 2017 年 1 月 8 日。

(3)2017 年 1 月 5 日，向供应商秋叶原电器有限公司采购 QS2608AT305 超五类非屏蔽网线(编码 QS2608AT305)61 000 m，价税合计 70 200 元，收到采购专用发票一张，票号 150209。

(4)2017 年 1 月 6 日，财务部周佩从工行提取现金 10 000 元，作为备用金，现金支票号 XJ012。

(5)2017 年 1 月 6 日，向供应商深圳市和宏实业有限公司采购 SWA1956/93-100BV-1.5B 蓝色(编码 04020100001)5 200 m，无税单价 0.95 元；SWA1956/93-100BV-1.5R 红色(编码 04020100004)5 600 m，无税单价 0.95 元；SWA1956/93-100BV-1.5Y 黄色(编码 04020100005)2 400 m，无税单价 0.95 元；SWA1957/93-100BV-2.5B 蓝色(编码 04020100006)20 000 m，无税单价 1.55 元。验收入武昌库，并收到采购专用发票一张，票号 150211。

(6)2017 年 1 月 8 日，收到供应商湖北康居宝电气技术有限公司订购的 PVC 线管直接 16 mm(黄色)(编码 311161001H)14 400 个；VC 线管直接 16 mm(绿色)(编码 311161001L)14 400个，这两类商品无税单价均为 0.04 元。验收入武昌库，并收到采购专用发票一张，价税合计 1 347.84 元，票号 150230。

(7)2017 年 1 月 9 日，供应商秋叶原电器有限公司到货 QS2608AT305 超五类非屏蔽网线(编码 QS2608AT305)61 000 m，无税单价 0.99 元，验收入武昌库，尚未收到发票。在采购过程中，发生了运费 500 元，税率为 11%。收到普通运费发票一张，发票号 YF001。

(8)2017 年 1 月 9 日，收到供应商金牛管业提供的上月已验收入库的 8 000 个金牛绿翡翠 90 弯头 20 mm(编码 304209001)的专用发票一张，票号为 150212，发票价税合计 480 元。

(9)2017 年 1 月 10 日，财务部接通知开出工行转账支票一张，向供应商秋叶原电器有限公司支付 QS2608AT305 超五类非屏蔽网线(编码 QS2608AT305)61 000 m 的货款，价税合计

70 200 元，票号 Y0103。

(10)2017 年 1 月 10 日，发现 1 月 8 日从供应商湖北康居宝电气技术有限公司购入的 VC 线管直接 16 mm(绿色)(编码 311161001L)质量有问题，退回 2 000 个，无税单价 0.04 元，同时收到票号为 150213 的红字专用发票一张。

(11)2017 年 1 月 12 日，收到供应商大华电气设备有限公司提供的 YD0021T305M(灰色)五类双屏网线(编码 YD0021305)30 500 m，无税单价 1.74 元，验收入武昌库，尚未收到发票。

(12)2017 年 1 月 14 日，秋叶原事业部向爱康企业集团(武汉)有限公司销售 QS2608AT305 超五类非屏蔽网线(编码 QS2608AT305)6 100 m，无税单价 1.25 元，货物从武昌库发出。当日根据上述发货单开具专用发票一张，票号 150215。同时收到客户以农行转账现结的全部货款，票号为 Y0106。

(13)2017 年 1 月 16 日，飞利浦综合布线 FLP 公司打算购买几种型号的 BV 线(编码分别为 04020100001、04020100003、04020100004、04020100005、04020100006)，向商务部询价。商务部报价为不含税单价 1.21 元。飞利浦综合布线 FLP 了解后，要求订购 04020100006 为 3 000 m，04020100005 为 2 000 m，其余均为 2 500 m，并要求发货日期为 2017 年 1 月 18 日，填制并审核销售订单。

(14)2017 年 1 月 16 日，总经办支付业务招待费 1 100 元，工行转账支票号 Y0112。

(15)2017 年 1 月 17 日，商务部周运兵出差归来，报销差旅费 1 800 元，交回现金 200 元。

(16)2017 年 1 月 18 日，商务部从汉口北库发出编码为 04020100003 的 BV 线，其余均从武昌库发出飞利浦综合布线 FLP 公司所订货物，并据此开具普通发票两张，从武昌库发出的票号为 150216，从汉口库发出的票号为 150235，凭证合并制单。

(17)2017 年 1 月 18 日，秋叶原事业部向豪峰建材销售飞利浦 SWA1933/93HB-100 CAT5E 灰色网线(编码 04010100001)3 000 m，无税报价 2.14 元，成交价为报价的 90%，货物从武昌库发出。当日，根据上述发货单开具普通发票一张，票号为 150218。

(18)2017 年 1 月 19 日，财务部购买打印机一台，价值 3 000 元，净残值率 3%，预计使用年限 5 年，以工行转账支付，票号 P0118。

(19)2017 年 1 月 20 日，收到飞利浦综合布线 FLP 公司工行转账支票一张，支付之前欠货款 78 050 元，支票号为 Y0114。

(20)2017 年 1 月 20 日，金牛事业部王宇向客户佳顺建材销售金牛 PVC-U 线管 16 * 2.6M (黄色)(编码 311160026H)4 290 m，含税单价 1.80 元，从武昌库发出；金牛绿翡翠 90 弯头 20 mm(编码 304209001)2 160 个，含税单价 2.00 元，从汉口北库发出。当日分别开具普通发票，武昌库发出的票号为 150219，汉口北库发出的票号为 150236，价税合计 12 042 元，请合并制单。

(21)2017 年 1 月 21 日，对公司轿车进行资产评估，评估结果为原值 250 000 元，累计折旧38 000 元。

(22)2017 年 1 月 21 日，金牛事业部向客户江南美装饰销售金牛 PVC 线管，当日发货，货物从武昌库发出，其中编码 303202803 销售 9 000 m，含税单价 3.00 元；编码 304209001 销售 5 940 个，含税单价 2.00 元；编码 311160026H 销售 3 900 m，含税单价 1.80 元；编码 311160026L 销售 3 900 m，含税单价 1.80 元；编码 311161001H 销售 21 600 个，含税单价 1.50 元；编码 311161001L 销售 7 200 个，含税单价 1.50 元，并开具销售普通发票一张，票号 150220，价税合计 96 120 元。

(23)2017 年 1 月 21 日，以公司建行卡刷卡为商务部办公车辆充值加油卡，金额 2 000 元，票号 P0101。

(24)2017 年 1 月 21 日，商务部报销电话费，金额 495 元，公司通过工行转账支付，票号 P0102。

(25)2017 年 1 月 22 日，公司通过工行转账支付飞利浦事业部送货请车费用，金额 6 420 元，票号 P0103。

(26)2017 年 1 月 22 日，金牛事业部王宇报销觅糖装饰公司进场费，公司开具建行转账支票支付，金额 10 000 元，票号 Y0140。

(27)2017 年 1 月 23 日，金牛事业部向客户武汉嘉禾装饰集团有限公司销售金牛 PVC 线管，次日从武昌库发货，其中编码 310160024H 销售 14 976 m，含税单价 0.64 元；编码 310160024L 销售 7 200 m，含税单价 0.64 元。发货同时向客户开具一张销售专用发票，票号 150221，价税合计 14 192.64 元。

(28)2017 年 1 月 23 日，公司财务部接通知开出工行转账支票一张，支付供应商金牛管业之前采购款，金额 40 550 元，支票号 Y0201。

(29)2017 年 1 月 23 日，秋叶原事业部向客户山水人家装饰销售 QF7716RT100M 橙色五类双屏网线(编码 QF7716100R)3 600 m，含税单价 1.96 元，次日从汉口北库发货，并向客户开具一张销售普通发票，票号 150222，价税合计 7 056 元。

(30)2017 年 1 月 23 日，收到客户江南美装饰农行转账支票一张，支付之前货款 89 000 元，支票号为 Y0115。

(31)2017 年 1 月 24 日，飞利浦事业部向客户面对面装饰公司销售飞利浦网线和电视线，当日发货，货物从汉口北库发出。其中编码 04010100012 销售 18 300 m，含税单价 2.0 元；编码 04010200009 销售 4 000 m，含税单价 2.50 元。当日给客户开具销售专用发票一张，票号 150223，价税合计 46 600 元。

(32)2017 年 1 月 24 日，收到客户面对面装饰公司工行转账支票一张，支付之前的货款，金额 90 500 元，支票号 Y0116。

(33)2017 年 1 月 24 日，商务部向客户京汉安驰商贸有限公司销售 3M 胶带和秋叶原网线，当日发货，货物均从汉口北库发出。其中编码 XS003896890 销售 2 500 卷，含税单价 2.50 元；编码 YD0377305R 销售 2 135 m，含税单价 2.80 元。当日给客户开具销售专用发票一张，票号 150224，价税合计 12 228 元。

(34)2017 年 1 月 24 日，财务部接通知开出建行转账支票一张，支付供应商 3M(中国)有限公司之前的采购款，金额 29 800 元，支票号 Y0202。

(35)2017 年 1 月 25 日，财务部接通知开出工行转账支票一张，支付供应商天津高士达电器之前的采购款，金额 30 000 元，支票号 Y0203。

(36)2017 年 1 月 25 日，财务部开出工行转账支票一张，支付供应商飞利浦电器之前的采购款，金额 39 850 元，支票号 Y0204。

(37)2017 年 1 月 25 日，金牛事业部向客户天海饰家装饰公司销售金牛 PVC 线管，当日发货，货物均从武昌库发出，其中编码 311160026LXJH 销售 6 240 m，含税单价 3.00 元；编码 311160026LXJL 销售 2 340 m，含税单价 3.00 元；编码 311161001H 销售 16 000 个，含税单价 1.50 元；编码 310160026H 销售 11 700 m，含税单价 1.40 元。次日给客户开具一张销售专用发票，票号 150225，价税合计 66 120 元。

(38)2017 年 1 月 25 日，收到客户武汉嘉禾装饰集团有限公司建行转账支票一张，支付之前的货款，金额 75 100 元，支票号 Y0117。

(39)2017 年 1 月 25 日,客户豪峰建材发现前几日发货的飞利浦 SWA1933/93HB-100 CAT5E 灰色网线(编码 04010100001)有 300 m 存在瑕疵,退货到公司。武昌库收到退货之后,财务部给客户开具一张红字普通发票,票号为 150226。

(40)2017 年 1 月 26 日,金牛事业部报销售后服务费用,金额 1 000 元,公司通过工行转账支付,票号 P0112。

(41)2017 年 1 月 26 日,以现金支付总经办杨丹报销汽车停车费用,金额 436 元;杨丹报销汽车路桥费,金额 60 元;杨丹汽车加油费,金额 300 元。

(42)2017 年 1 月 26 日,以现金支付总经办杨丹报销欧景园 219 物业管理费,金额 4 546 元。

(43)2017 年 1 月 26 日,收到客户京汉安驰商贸有限公司工行转账支票一张,支付之前的货款,金额 56 100 元,支票号 Y0118。

(44)2017 年 1 月 26 日,收到客户佳顺建材工行转账支票一张,支付之前的货款,金额54 300 元,支票号 Y0119。

(45)2017 年 1 月 26 日,收到客户豪峰建材建行转账支票一张,支付之前的货款,金额47 000 元,支票号 Y0120。

(46)2017 年 1 月 27 日,秋叶原事业部徐列报销出差住宿费,金额 177 元,公司通过工行转账支付给员工,票号 P0113。

(47)2017 年 1 月 27 日,收到客户山水人家装饰公司建行转账支票一张,支付之前的货款,金额 39 000 元,支票号 Y0121。

(48)2017 年 1 月 27 日,总经办潘海琴报销交通费,金额 267 元,公司以现金支付。

(49)2017 年 1 月 27 日,总经办报销招待费用,金额 8 900 元,公司通过工行转账支付,票号 P0114。

(50)2017 年 1 月 27 日,支付公司建行对公账户手续费,金额 72.40 元,票号 P0115。

(51)2017 年 1 月 30 日,计提本月折旧费用。

(52)2017 年 1 月 30 日,总经办办公室编号 00002 笔记本电脑经查损毁,清理过程中支付清理费 200 元,出售电脑零件取得现金收入 800 元,请做相应业务处理并合并制单。

(53)2017 年 1 月 31 日,本月考勤情况:王宇请假 2 天;周运兵请假 1 天。完成此操作。

(54)2017 年 1 月 31 日,发放奖金情况,因去年金牛事业部推广产品业绩较好,每人增加奖金 300 元,完成此操作。

(55)2017 年 1 月 31 日,生成应付职工薪酬凭证,请进行合并制单。

(56)2017 年 1 月 31 日,生成应付工会经费记账凭证,请进行合并制单。

(57)2017 年 1 月 31 日,生成应付职工教育经费记账凭证,请进行合并制单。

(58)2017 年 1 月 31 日,结转销售库存商品成本。

(59)2017 年 1 月 31 日,生成短期借款利息记账凭证。

(60)2017 年 1 月 31 日,结转未交增值税,分三张凭证生成。

(61)2017 年 1 月 31 日,期间损益结转。

(62)2017 年 1 月 31 日,凭证审核并记账。

(63)2017 年 1 月 31 日,各模块结账。

(64)2017 年 1 月 31 日,利用模板生成 2017 年 1 月资产负债表和利润表。

# 第四章 企业实务案例票据

（1）

## 采购入库单

科技伴随 高效学习

**入库单号：** **入库日期：** 2017-01-01 **入库类型：** 采购入库 **部 门：** 金牛事业部

**供应商名称：** 金牛管业（武汉）有限公司 **仓库名称：** 武昌库 **备 注：**

| 发票号码 | 编 码 | 存货名称 | 尺码 | 颜色 | 单位 | 数 量 | 不含税价 | 金 额 |
|---|---|---|---|---|---|---|---|---|
| | 303202803 | 金牛 PPR 绿翡翠 S3.2 PN2.0MPa20*2.8*3M | | | 米 | 8,100.00 | 1.50 | 12,184.62 |
| | | | | | | | | |
| | | | | | | | | |
| | | | | | | | | |
| | | | | | | | | |
| | | | | | | | | |
| | | | | | | | | |
| | | | | | | | | |
| | | | | | | | | |
| 合 计 | | | | | | 8,100.00 | | 12,184.62 |

**记 账：** **复 核：** **仓库保管：** 李丽 **采购员：** 何鹏飞

4200151140

**湖北增值税专用发票**

发票联

№ 150208

科技伴随 高效学习

4200151140

150208

开票日期：2017年1月1日

购买方
名 称：武汉海蓝贸易有限公司
纳税人识别号：91420103792418658H
地 址、电 话：武汉市江汉区民权路98号汉来灯饰五金电料市场一楼D54-55号027-65378244
开户行及账号：工行江汉路支行7D770100067070

密码区
172312-4-275<1+46*54* 82*59*
181321><8182*59*09618153</
<4<3*2702-9>9*+153</0 >2-3
*00/4>*>>2-3*0/9/>>25-275<1

| 货物或应税劳务、服务名称 | 规格型号 | 单位 | 数 量 | 单 价 | 金 额 | 税率 | 税 额 |
|---|---|---|---|---|---|---|---|
| 303202803 | | 米 | 8100 | 1.50427350 | 12,184.62 | 0.17 | 2,071.38 |
| 合 计 | | | | | ¥12,184.62 | | ¥2,071.38 |
| 价税合计（大写） | ⊗ 壹万肆仟贰佰伍拾陆元整 | | | | （小写）¥14,256.00 | | |

销售方
名 称：金牛管业（武汉）有限公司
纳税人识别号：310103695431012
地 址、电 话：武汉蔡甸区斯景路618号027-51958518
开户行及账号：工行武汉蔡甸区奥丰路支行85115076

备注：金牛管业（武汉）有限公司 310103695431012 发票专用章

收款人： 复核：黄微松 开票人：马秀 销售方：（章）

税总函[2016]××号××××公司

第三联：发票联 购买方记账凭证

中国建设银行 转账支票　　Y0102 Y0102

付款期限自出票之日起十天

出票日期（大写）贰零壹柒 年 零壹 月 零壹 日　　付款行名称：工行江汉路支行

收款人：金牛管业（武汉）有限公司　　出票人账号：79770100067870

| 人民币（大写） | 壹万肆仟贰佰伍拾陆元整 | 亿 | 千 | 百 | 十 | 万 | 千 | 百 | 十 | 元 | 角 | 分 |
|---|---|---|---|---|---|---|---|---|---|---|---|---|
| | | | | | ¥ | 1 | 4 | 2 | 5 | 6 | 0 | 0 |

用途 采购货款　　密码 6513378344062933

上列款项请从

我账户内支付

出票人签章　（武汉海蓝贸易有限公司 财务专用章）（先左 印桃）　　复核 石丽　　记账 王玲

（2）　无票据

（3）

4400151140　　广东增值税专用发票　　№ 150209　4400151140　150209

发票联　　开票日期：2017年1月5日

| 购买方 | 名称：武汉海蓝贸易有限公司<br>纳税人识别号：91420103792418658H<br>地址、电话：武汉市江汉区民权路96号汉来灯饰五金电料市场一楼D54-55号027-85378244<br>开户行及账号：工行江汉路支行79770100067870 | 密码区 | 172312-4-275＜1+46*54* 82*59*<br>181321＞＜8182*59*09618153＜/<br>＜4＜3*2702-9＞9*+153＜/0 ＞2-3<br>*08/4＞*＞＞2-3*0/9/＞＞25-275＜1 |
|---|---|---|---|

| 货物或应税劳务、服务名称 | 规格型号 | 单位 | 数量 | 单价 | 金额 | 税率 | 税额 |
|---|---|---|---|---|---|---|---|
| QS2608AT305 | | 米 | 61000 | 0.9836065 | 60,000.00 | 0.17 | 10,200.00 |
| 合计 | | | | | ¥60,000.00 | | ¥10,200.00 |
| 价税合计（大写） | ⊗ 柒万零贰佰元整 | | | | （小写）¥70,200.00 | | |

| 销售方 | 名称：秋叶原电器有限公司<br>纳税人识别号：310103695431447<br>地址、电话：深圳福田区钧威路247号13688003676<br>开户行及账号：工行深圳福田区锐际路支行85115118 | 备注 | （秋叶原电器有限公司 310103695431447 发票专用章） |
|---|---|---|---|

收款人：　　复核：王浩宇　　开票人：周媚　　销售方：（章）

税总函[2016]××号××××公司

第三联：发票联　购买方记账凭证

科技伴随 高效学习

（4）

中国工商银行

现金支票存根

10204210

XJ012

附加信息

提现备用

出票日期 2017 年 1 月 6 日

收款人：武汉海蓝贸易有限公司

金　额：¥10,000.00

用　途：提现备用

单位主管 杨丹　　会计 石丽

（5）



## 采购入库单

**入库单号：** **入库日期：** 2017-01-06 **入库类型：** 采购入库 **部 门：** 飞利浦事业部

**供应商名称：** 深圳市和宏实业有限公司 **仓库名称：** 武昌库 **备 注：**

| 发票号码 | 编 码 | 存货名称 | 尺码 | 颜色 | 单位 | 数 量 | 不含税价 | 金 额 |
|---|---|---|---|---|---|---|---|---|
| | 04020100001 | SWA195693-1005V-15B 蓝金 | | | 米 | 5,200.00 | 0.95 | 4,940.00 |
| | 04020100004 | SWA195693-1005V-15R 红金 | | | 米 | 5,600.00 | 0.95 | 5,320.00 |
| | 04020100005 | SWA195693-1005V-15Y 黄金 | | | 米 | 2,400.00 | 0.95 | 2,280.00 |
| | 04020100006 | SWA195793-1005V-25B 蓝金 | | | 米 | 20,000.00 | 1.55 | 31,000.00 |
| | | | | | | | | |
| | | | | | | | | |
| | | | | | | | | |
| | | | | | | | | |
| | | | | | | | | |
| 合 计 | | | | | | 33,200.00 | | 43,540.00 |

**记 账：** **复 核：** **仓库保管：** 刘丽 **采购员：** 蔡陈



4400151140 **广东增值税专用发票** № 150211 4400151140 150211

发票联

开票日期：2017年1月6日

| 购买方 | |
|---|---|
| 名 称： | 武汉海蓝贸易有限公司 |
| 纳税人识别号： | 91420103792418658H |
| 地 址、电 话： | 武汉市江汉区民权路98号汉来灯饰五金电料市场一楼D54-55号027-85378244 |
| 开户行及账号： | 工行江汉路支行79770100067870 |

密码区：172312-4-275 <1+46*54* 82*59* 181321 > <8182*59*09618153 </ <4 <3*2702-9 > 9*+153 </0 > 2-3 *08/4 > * > > 2-3*0/9/ > > 25-275 <1

| 货物或应税劳务、服务名称 | 规格型号 | 单位 | 数 量 | 单 价 | 金 额 | 税率 | 税 额 |
|---|---|---|---|---|---|---|---|
| 04020100001 | | 米 | 5200 | 0.95 | 4,940.00 | 0.17 | 839.80 |
| 04020100004 | | 米 | 5600 | 0.95 | 5,320.00 | 0.17 | 904.40 |
| 04020100005 | | 米 | 2400 | 0.95 | 2,280.00 | 0.17 | 387.60 |
| 04020100006 | | 米 | 20000 | 1.55 | 31,000.00 | 0.17 | 5,270.00 |
| 合 计 | | | | | ¥43,540.00 | | ¥7,401.80 |
| 价税合计（大写） | ⊗ 伍万零玖佰肆拾壹元捌角整 | | | | （小写）¥50,941.80 | | |

| 销售方 | |
|---|---|
| 名 称： | 深圳市和宏实业有限公司 |
| 纳税人识别号： | 320888465371157 |
| 地 址、电 话： | 深圳罗湖区腾策路174号0755-83401341 |
| 开户行及账号： | 工行深圳罗湖区欣立路支行55560026 |

备注：深圳市和宏实业有限公司 320888465371157 发票专用章

收款人： 复核：罗明 开票人：黄柏 销售方：（章）

税总函[2016]××号××××公司

第三联：发票联 购买方记账凭证

（6）



## 采购入库单

**入库单号：** **入库日期：** 2017-01-08 **入库类型：** 采购入库 **部 门：** 金牛事业部

**供应商名称：** 湖北康居宝电气技术有限公司 **仓库名称：** 武昌库 **备 注：**

| 发票号码 | 编 码 | 存货名称 | 尺码 | 颜色 | 单位 | 数 量 | 不含税价 | 金 额 |
|---|---|---|---|---|---|---|---|---|
| | 311161001H | PVC线管三通16mm（黄金） | | | 个 | 14,400.00 | 0.04 | 576.00 |
| | 311161001L | PVC线管三通16mm（绿金 | | | 个 | 14,400.00 | 0.04 | 576.00 |
| | | | | | | | | |
| | | | | | | | | |
| | | | | | | | | |
| | | | | | | | | |
| | | | | | | | | |
| | | | | | | | | |
| | | | | | | | | |
| 合 计 | | | | | | 28,800.00 | | 1,152.00 |

**记 账：** **复 核：** **仓库保管：** 刘丽 **采购员：** 王宇

4200151140

**湖北增值税专用发票**

№ 150230　4200151140　150230

发票联

开票日期：2017年1月8日

| | | |
|---|---|---|
| 购买方 | 名　　称：武汉海蓝贸易有限公司<br>纳税人识别号：91420103792418658H<br>地 址、电 话：武汉市江汉区民权路98号汉来灯饰五金电料市场一楼D54-55号027-85378244<br>开户行及账号：工行江汉路支行79770100067870 | 密码区：172312-4-275<1+46*54* 82*59*<br>181321><8182*59*09618153</<br><4<3*2702-9>9*+153</0 >2-3<br>*08/4>*>>2-3*0/9/>>25-275<1 |

| 货物或应税劳务、服务名称 | 规格型号 | 单位 | 数量 | 单价 | 金额 | 税率 | 税额 |
|---|---|---|---|---|---|---|---|
| 311161001H | | 个 | 14400 | 0.04 | 576.00 | 0.17 | 97.92 |
| 311161001L | | 个 | 14400 | 0.04 | 576.00 | 0.17 | 97.92 |
| 合　计 | | | | | ¥1,152.00 | | ¥195.84 |
| 价税合计（大写） | ⊗壹仟叁佰肆拾柒元捌角肆分 | | | | （小写）¥1,347.84 | | |

| | | |
|---|---|---|
| 销售方 | 名　　称：湖北康居宝电气技术有限公司<br>纳税人识别号：310103695431166<br>地 址、电 话：黄石大冶市恒驰路668号18871186023<br>开户行及账号：工行黄石大冶市泰玉路支行85115995 | 备注 |

收款人：　　复核：黄姿　　开票人：罗文　　销售方：（章）

税总函[2016]××号××××公司

第三联：发票联　购买方记账凭证

湖北康居宝电气技术有限公司 310103695431166 发票专用章

(7)

# 采购入库单

**入库单号：**　**入库日期：** 2017-01-09　**入库类型：** 采购入库　**部　门：** 秋叶原事业部

**供应商名称：** 秋叶原电器有限公司　**仓库名称：** 武昌库　**备　注：**

| 发票号码 | 编　码 | 存货名称 | 尺码 | 颜色 | 单位 | 数　量 | 不含税价 | 金　额 |
|---|---|---|---|---|---|---|---|---|
| | QS2608AT305 | QS2608AT305 [illegible] | | | 米 | 61,000.00 | 0.99 | 60,400.90 |
| | | | | | | | | |
| | | | | | | | | |
| | | | | | | | | |
| | | | | | | | | |
| | | | | | | | | |
| | | | | | | | | |
| | | | | | | | | |
| | | | | | | | | |
| 合　计 | | | | | | 61,000.00 | | 60,400.90 |

**记　账：**　**复　核：**　**仓库保管：** 刘丽　**采购员：** 徐列

042001800104

**湖北增值税普通发票**

№ YF001　042001800104　YF001

发票联

开票日期：2017年1月9日

| | | |
|---|---|---|
| 购买方 | 名　　称：武汉海蓝贸易有限公司<br>纳税人识别号：91420103792418658H<br>地 址、电 话：武汉市江汉区民权路98号汉来灯饰五金电料市场一楼D54-55号027-85378244<br>开户行及账号：工行江汉路支行79770100067870 | 密码区：172312-4-275<1+46*54* 82*59*<br>181321><8182*59*09618153</<br><4<3*2702-9>9*+153</0 >2-3<br>*08/4>*>>2-3*0/9/>>25-275<1 |

| 货物或应税劳务、服务名称 | 规格型号 | 单位 | 数量 | 单价 | 金额 | 税率 | 税额 |
|---|---|---|---|---|---|---|---|
| 运费 | | 次 | 1 | 450.45 | 450.45 | 0.11 | 49.55 |
| 合　计 | | | | | ¥450.45 | | ¥49.55 |
| 价税合计（大写） | ⊗伍佰元整 | | | | （小写）¥500.00 | | |

| | | |
|---|---|---|
| 销售方 | 名　　称：秋叶原电器有限公司<br>纳税人识别号：310103695431447<br>地 址、电 话：深圳福田区钓威路247号13688003676<br>开户行及账号：工行深圳福田区锐际路支行85115118 | 备注 |

收款人：　　复核：王浩宇　　开票人：周媚　　销售方：（章）

税总函[2016]××号××××公司

第二联：发票联　购买方记账凭证

秋叶原电器有限公司 310103695431447 发票专用章

（8）



湖北增值税专用发票

4200151140　　№ 150212　　4200151140 150212

发票联

开票日期：2017年1月9日

| 购买方 | |
|---|---|
| 名　　称： | 武汉海蓝贸易有限公司 |
| 纳税人识别号： | 91420103792418658H |
| 地 址、电 话： | 武汉市江汉区民权路98号汉来灯饰五金电料市场一楼D54-55号027-85378244 |
| 开户行及账号： | 工行江汉路支行79770100067870 |

密码区：172312-4-275 <1+46*54* 82*59* 181321> <8182*59*09618153 </ <4 <3*2702-9> 9*+153 </0 >2-3 *08/4> *> >2-3*0/9/> >25-275 <1

| 货物或应税劳务、服务名称 | 规格型号 | 单位 | 数量 | 单价 | 金额 | 税率 | 税额 |
|---|---|---|---|---|---|---|---|
| 304209001 | | 个 | 8000 | 0.051282 | 410.26 | 0.17 | 69.74 |
| 合　　计 | | | | | ¥410.26 | | ¥69.74 |
| 价税合计（大写） | ⊗ 肆佰捌拾元整 | | | | （小写）¥480.00 | | |

| 销售方 | |
|---|---|
| 名　　称： | 金牛管业（武汉）有限公司 |
| 纳税人识别号： | 310103695431012 |
| 地 址、电 话： | 武汉蔡甸区斯景路618号027-51958518 |
| 开户行及账号： | 工行武汉蔡甸区奥丰路支行85115076 |

备注：金牛管业（武汉）有限公司 310103695431012 发票专用章

收款人：　　复核：黄微松　　开票人：马秀　　销售方：（章）

税总函[2016]××号×××××公司

第三联：发票联　购买方记账凭证

（9）

中国工商银行　转账支票　　10204220 Y0103

出票日期（大写）　贰零壹柒　年　零壹　月　零壹拾　日　　付款行名称：工行江汉路支行

收款人：秋叶原电器有限公司　　出票人账号：79770100067870

| 人民币（大写） | 亿 | 千 | 百 | 十 | 万 | 千 | 百 | 十 | 元 | 角 | 分 |
|---|---|---|---|---|---|---|---|---|---|---|---|
| 柒万零贰佰元整 | | | | ¥ | 7 | 0 | 2 | 0 | 0 | 0 | 0 |

用途　支付采购货款　　密码　2644765235869060

上列款项请从

我账户内支付

出票人签章　武汉海蓝贸易有限公司 财务专用章　左先桃　　复核　石丽　　记账　周佩

付款期限自出票之日起十天

（10）



## 采购入库单

**入库单号：**　　**入库日期：** 2017-01-10　　**入库类型：** 退货出库　　**部　门：** 金牛事业部

**供应商名称：** 湖北康居宝电气技术有限公司　　**仓库名称：** 武昌库　　**备　注：**

| 发票号码 | 编码 | 存货名称 | 尺码 | 颜色 | 单位 | 数量 | 不含税价 | 金额 |
|---|---|---|---|---|---|---|---|---|
| | 311161001 | PVC线管直接16mm（绿色 | | | 个 | -2,000.00 | 0.04 | -80.00 |
| | | | | | | | | |
| | | | | | | | | |
| | | | | | | | | |
| | | | | | | | | |
| | | | | | | | | |
| | | | | | | | | |
| | | | | | | | | |
| | | | | | | | | |
| | | | | | | | | |
| 合　计 | | | | | | -2,000.00 | | -80.00 |

**记　账：**　　**复　核：**　　**仓库保管：** 刘丽　　**采购员：** 王宇

4200151140　　**湖北增值税专用发票**　　№ 150213　　4200151140 150213



发票联

开票日期：2017年1月10日

| | | | | | | | |
|---|---|---|---|---|---|---|---|
| 购买方 | 名　　称：武汉海蓝贸易有限公司<br>纳税人识别号：91420103792418658H<br>地 址、电 话：武汉市江汉区民权路98号汉来灯饰五金电料市场一楼D54-55号027-85578244<br>开户行及账号：工行江汉路支行79770100067870 | | | 密码区 | 172312-4-275〈1+46*54* 82*59*<br>181321〉〈8182*59*09618153〈/<br>〈4〈3*2702-9〉9*+153〈/0 〉2-3<br>*08/4〉*〉〉2-3*0/9/〉〉25-275〈1 | | |
| 货物或应税劳务、服务名称 | 规格型号 | 单位 | 数量 | 单价 | 金额 | 税率 | 税额 |
| 311161001L | | 个 | -2000 | 0.04 | -80.00 | 0.17 | -13.60 |
| 合　　计 | | | | | ¥-80.00 | | ¥-13.60 |
| 价税合计（大写） | ⊗（负数）玖拾叁元陆角整 | | | | （小写）¥-93.60 | | |
| 销售方 | 名　　称：湖北康居宝电气技术有限公司<br>纳税人识别号：310103695431166<br>地 址、电 话：黄石大冶市恒驰路668号18871186023<br>开户行及账号：工行黄石大冶市泰王路支行85115995 | | | 备注 | 湖北康居宝电气技术有限公司 310103695431166 发票专用章 | | |

收款人：　　复核：黄姿　　开票人：罗文　　销售方：（章）

税总函[2016]××号××××公司

第三联：发票联　购买方记账凭证

（11）

# 采购入库单



**入库单号：**　　**入库日期：** 2017-01-12　　**入库类型：**采购入库　　**部　门：**秋叶原事业部

**供应商名称：**大华电气设备有限公司　　**仓库名称：**武昌库　　**备　注：**

| 发票号码 | 编　码 | 存货名称 | 尺码 | 颜色 | 单位 | 数　量 | 不含税价 | 金　额 |
|---|---|---|---|---|---|---|---|---|
| | YD0021305 | [illegible] | | | 米 | 30,500.00 | 1.74 | 53,070.00 |
| | | | | | | | | |
| | | | | | | | | |
| | | | | | | | | |
| | | | | | | | | |
| | | | | | | | | |
| | | | | | | | | |
| | | | | | | | | |
| | | | | | | | | |
| 合　计 | | | | | | 30,500.00 | | 53,070.00 |

**记　账：**　　**复　核：**　　**仓库保管：**刘丽　　**采购员：**徐列

（12）



# 出　库　单

No.

购货单位：爱康企业集团（武汉）有限公司　　2017　年　1　月　14　日

| 编　号 | 品　名 | 规　格 | 单位 | 数　量 | 单　价 | 金　额 | 备　注 |
|---|---|---|---|---|---|---|---|
| QS2608AT305 | QS2608AT305 超五类非屏蔽网线 | | 米 | 6100 | | | 发货 |
| | | | | | | | |
| | | | | | | | |
| | | | | | | | |
| | | | | | | | |
| 合 | | | | 计 | | | |

仓库主管：孙辉　　记账：　　保管：刘丽　　经手人：　　制单：

第一联　存根联

科技伴随 高效学习

4200151140　　**湖北增值税专用发票**　　№ 150215　　4200151140 150215

此联不作报销、扣税凭证使用　　开票日期：2017年1月14日

税总函[2016]××号××××公司

| 购买方 | | 密码区 | |
|---|---|---|---|
| 名　　称： | 爱康企业集团（武汉）有限公司 | | 172312-4-275〈1+46*54* 82*59* |
| 纳税人识别号： | 310106548104310 | | 181321〉〈8182*59*09618153〈/ |
| 地 址、电 话： | 武汉洪山区晨际路969号18971665620 | | 〈4〈3*2702-9〉9*+153〈/0 〉2-3 |
| 开户行及账号： | 工行洪山支行41853654 | | *08/4〉*〉〉2-3*0/9/〉〉25-275〈1 |

| 货物或应税劳务、服务名称 | 规格型号 | 单位 | 数量 | 单价 | 金额 | 税率 | 税额 |
|---|---|---|---|---|---|---|---|
| QS2608AT305 | | 米 | 6100 | 1.25 | 7,625.00 | 0.17 | 1,296.25 |
| 合　　计 | | | | | ¥7,625.00 | | ¥1,296.25 |
| 价税合计（大写） | ⊗捌仟玖佰贰拾壹元贰角伍分 | | | | （小写）¥8,921.25 | | |

| 销售方 | | 备注 |
|---|---|---|
| 名　　称： | 武汉海蓝贸易有限公司 | |
| 纳税人识别号： | 91420103792418658H | |
| 地 址、电 话： | 武汉市江汉区民权路98号汉来灯饰五金电料市场一楼D54-55号027-85378244 | |
| 开户行及账号： | 工行江汉路支行79770100067870 | |

收款人：　　复核：周石　　开票人：周佩　　销售方：（章）

（印章：武汉海蓝贸易有限公司 12345678901234 发票专用章）

第一联：记账联　销售方记账凭证

**中国农业银行**
**转账支票存根**

10301120
Y0106

附加信息
客户转账支付公司货款

出票日期　2017年　1　月　14　日

| | |
|---|---|
| 收款人： | 武汉海蓝贸易有限公司 |
| 金　额： | ¥8,921.25 |
| 用　途： | 收到货款 |

单位主管　左桃先　会计　周石

（13）

科技伴随 高效学习

# 购销合同

合同编号

购货单位（甲方）：　飞利浦综合布线FLP公司

供货单位（乙方）：　武汉海蓝贸易有限公司

根据《中华人民共和国合同法》及国家相关法律、法规之规定，甲乙双方本着平等互利的原则，就甲方购买乙方货物一事达成以下协议。

一、货物的名称、数量及价格：

| 货物名称 | 规格型号 | 单位 | 数量 | 单价 | 金额 | 税率 | 价税合计 |
|---|---|---|---|---|---|---|---|
| SWA195693-100BV-15B 蓝色 | | 米 | 2500 | 1.21 | 3,025.00 | 0.17 | 3,539.25 |
| SWA195693-100BV-15G绿 | | 米 | 2500 | 1.21 | 3,025.00 | 0.17 | 3,539.25 |
| SWA195693-100BV-15R红 | | 米 | 2500 | 1.21 | 3,025.00 | 0.17 | 3,539.25 |
| SWA195693-100BV-15Y 黄色 | | 米 | 2000 | 1.21 | 2,420.00 | 0.17 | 2,831.40 |
| SWA195793-100BV-25B蓝 | | 米 | 3000 | 1.21 | 3,630.00 | 0.17 | 4,247.10 |
| 合计（大写）　壹万柒仟陆佰玖拾陆元贰角伍分 | | | | | | | 17,696.25 |

二、交货方式和费用承担：交货方式：销货方送货＿＿＿＿，交货时间：2017年1月18日＿＿＿＿前，交货地点：＿＿＿＿＿＿，运费由＿＿＿＿承担。

三、付款时间与付款方式：＿＿＿＿＿＿＿＿＿＿＿＿＿＿＿＿。

四、质量异议期：订货方对供货方的货物质量有异议时，应在收到货物后＿＿＿＿内提出，逾期视为货物量合格。

五、未尽事宜经双方协商可作补充协议，与本合同具有同等效力。

六、本合同自双方签字、盖章之日起生效；本合同壹式贰份，甲乙双方各执壹份。

| 甲方（签章）： | | 乙方（签章）： | |
|---|---|---|---|
| 授权代表： | 黄微松 | 授权代表： | 左桃先 |
| 地　　址： | 武汉东西湖区碧伦路778号 | 地　　址： | 武汉市江汉区民权路98号汉来灯饰五金电料市场一楼D54-55号 |
| 电　　话： | 027-10779703 | 电　　话： | 027-85378244 |
| 日　　期： | 2017年1月16日 | 日　　期： | 2017年1月16日 |

（印章：飞利浦综合布线FLP公司）（印章：武汉海蓝贸易有限公司）

（14）

**费 用 报 销 单**

科技伴随 高效学习

报销部门：总经办　　2017 年 1 月 16 日填　　单据及附件共＿＿页

| 用途 | 金额（元） | 备注 | | | |
|---|---|---|---|---|---|
| 业务招待费 | 1,100.00 | | | | |
| | | 部门审核 | | 领导审批 | 左桃先 |
| | | | | | |
| | | | | | |
| 合计 | ¥1,100.00 | | | | |
| 金额大写：零 拾 零 万 壹 仟 壹 佰 零 拾 零 元 零 角 零 分 | | 原借款：　元 | | 应退余款：¥-1,100.00 元 | |

会计主管 石丽　　会计 周石　　出纳 周佩　　报销人 杨丹　　领款人 杨丹

中国工商银行 转账支票　　10204220 Y0112

付款期限自出票之日起十天

出票日期（大写）贰零壹柒 年 零壹 月 壹拾陆 日　　付款行名称：工行江汉路支行

收款人：杨丹　　出票人账号：79770100067870

| 人民币（大写） | 亿 | 千 | 百 | 十 | 万 | 千 | 百 | 十 | 元 | 角 | 分 |
|---|---|---|---|---|---|---|---|---|---|---|---|
| 壹仟壹佰元整 | | | | | | ¥ | 1 | 1 | 0 | 0 | 0 | 0 |

用途 支付员工报销　　密码 4674697611189912

上列款项请从

我账户内支付

出票人签章　　武汉海蓝贸易有限公司 财务专用章　　左桃先印　　复核 石丽　　记账 周佩

---

（15）

**差 旅 费 报 销 单**

科技伴随 高效学习

部门 商务部　　2017 年 1 月 17 日

| 出差人 | 周运兵 | | | | | | | | 出差事由 | | 开拓客户 | | | | |
|---|---|---|---|---|---|---|---|---|---|---|---|---|---|---|---|
| 出发 | | | | 到达 | | | | 交通工具 | 交通费 | | 出差补贴 | | 其他费用 | | |
| 月 | 日 | 时 | 地点 | 月 | 日 | 时 | 地点 | | 单据张数 | 金额 | 天数 | 金额 | 项目 | 单据张数 | 金额 |
| | | | | | | | | | | | 6 | 300.00 | 住宿费 | | 1,200.00 |
| | | | | | | | | | | | | | 市内车费 | | |
| | | | | | | | | | | | | | 邮电费 | | |
| | | | | | | | | | | | | | 办公用品费 | | |
| | | | | | | | | | | | | | 不买卧铺补贴 | | |
| | | | | | | | | | | | | | 其他 | | 300.00 |
| 合计 | | | | | | | | | | | | ¥300.00 | | | ¥1,500.00 |
| 报销总额 | 人民币（大写）壹仟捌佰元整 | | | | | | | | 预借金额 | | ¥2000.00 | | 补领金额 | | |
| | | | | | | | | | | | | | 退还金额 | ¥200.00 | |

附件 7 张

主管 何鹏飞　　审核 石丽　　出纳 周佩　　领款人 周运兵

---

（16）

**出　库　单**

科技伴随 高效学习

No.

购货单位：飞利浦综合布线FLP公司　　2017 年 1 月 18 日

| 编号 | 品名 | 规格 | 单位 | 数量 | 单价 | 金额 | 备注 |
|---|---|---|---|---|---|---|---|
| 04020100001 | SWA195693-100BV-15B 蓝色 | | 米 | 2500 | | | |
| 04020100004 | SWA195693-100BV-15R红色 | | 米 | 2500 | | | |
| 04020100005 | SWA195693-100BV-15Y 黄色 | | 米 | 2000 | | | |
| 04020100006 | SWA195793-100BV-25B蓝色 | | 米 | 3000 | | | |
| | | | | | | | |
| 合 | | | | 计 | | | |

第一联 存根联

仓库主管：孙辉　　记账：　　保管：刘丽　　经手人：　　制单：

# 出　库　单

No.

购货单位：飞利浦综合布线FLP公司　　2017 年 1 月 18 日

| 编号 | 品名 | 规格 | 单位 | 数量 | 单价 | 金额 | 备注 |
|---|---|---|---|---|---|---|---|
| 04020100003 | SWA195693-100BV-15G绿色 | | 米 | 2500 | | | |
| | | | | | | | |
| | | | | | | | |
| | | | | | | | |
| | | | | | | | |
| 合 | | 计 | | | | | |

第一联　存根联

仓库主管：孙辉　　记账：　　保管：刘丽　　经手人：　　制单：

---



042001800104

## 湖北增值税普通发票

№ 150216

042001800104
150216

记账联

开票日期：2017年1月18日

税总函[2016]××号××××公司

| 购买方 | | 密码区 | |
|---|---|---|---|
| 名　　称： | 飞利浦综合布线FLP公司 | | 172312-4-275＜1+46*54* 82*59* |
| 纳税人识别号： | 120009884710788 | | 181321＞＜8182*59*09618153＜/ |
| 地址、电话： | 武汉东西湖区碧伦路778号027-10779703 | | ＜4＜3*2702-9＞9*+153＜/0 ＞2-3 |
| 开户行及账号： | 建行汉西二路支行36542212 | | *08/4＞*＞＞2-3*0/9/＞＞25-275＜1 |

| 货物或应税劳务、服务名称 | 规格型号 | 单位 | 数量 | 单价 | 金额 | 税率 | 税额 |
|---|---|---|---|---|---|---|---|
| 04020100001 | | 米 | 2500 | 1.21 | 3,025.00 | 0.17 | 514.25 |
| 04020100004 | | 米 | 2500 | 1.21 | 3,025.00 | 0.17 | 514.25 |
| 04020100005 | | 米 | 2000 | 1.21 | 2,420.00 | 0.17 | 411.40 |
| 04020100006 | | 米 | 3000 | 1.21 | 3,630.00 | 0.17 | 617.10 |
| 合　　计 | | | | | ¥12,100.00 | | ¥2,057.00 |

价税合计（大写）：⊗ 壹万肆仟壹佰伍拾柒元整　　（小写）¥14,157.00

| 销售方 | | 备注 |
|---|---|---|
| 名　　称： | 武汉海蓝贸易有限公司 | |
| 纳税人识别号： | 914201037924186588H | |
| 地址、电话： | 武汉市江汉区民权路98号汉来灯饰五金电料市场一楼D54-55号027-85378244 | |
| 开户行及账号： | 工行江汉路支行79770100067870 | |

武汉海蓝贸易有限公司 12345678901234 发票专用章

收款人：　　复核：周石　　开票人：周佩　　销售方：（章）

第一联：记账联　销售方记账凭证

---

科技伴随　高效学习

042001800105

## 湖北增值税普通发票

№ 150235

042001800105
150235

记账联

开票日期：2017年1月18日

税总函[2016]××号××××公司

| 购买方 | | 密码区 | |
|---|---|---|---|
| 名　　称： | 飞利浦综合布线FLP公司 | | 172312-4-275＜1+46*54* 82*59* |
| 纳税人识别号： | 120009884710788 | | 181321＞＜8182*59*09618153＜/ |
| 地址、电话： | 武汉东西湖区碧伦路778号027-10779703 | | ＜4＜3*2702-9＞9*+153＜/0 ＞2-3 |
| 开户行及账号： | 建行汉西二路支行36542212 | | *08/4＞*＞＞2-3*0/9/＞＞25-275＜1 |

| 货物或应税劳务、服务名称 | 规格型号 | 单位 | 数量 | 单价 | 金额 | 税率 | 税额 |
|---|---|---|---|---|---|---|---|
| 04020100003 | | 米 | 2500 | 1.21 | 3,025.00 | 0.17 | 514.25 |
| 合　　计 | | | | | ¥3,025.00 | | ¥514.25 |

价税合计（大写）：⊗ 叁仟伍佰叁拾玖元贰角伍分　　（小写）¥3,539.25

| 销售方 | | 备注 |
|---|---|---|
| 名　　称： | 武汉海蓝贸易有限公司 | |
| 纳税人识别号： | 914201037924186588H | |
| 地址、电话： | 武汉市江汉区民权路98号汉来灯饰五金电料市场一楼D54-55号027-85378244 | |
| 开户行及账号： | 工行江汉路支行79770100067870 | |

武汉海蓝贸易有限公司 12345678901234 发票专用章

收款人：　　复核：周石　　开票人：周佩　　销售方：（章）

第一联：记账联　销售方记账凭证

（17）



## 出　库　单

No.

购货单位：豪峰建材销售有限公司　　　2017 年 1 月 18 日

| 编　号 | 品　　名 | 规　格 | 单位 | 数　量 | 单　价 | 金　　额 | 备　注 |
|---|---|---|---|---|---|---|---|
| 04010100001 | 飞利浦SWA193393HD-100 CAT5E双绞网线 | | 米 | 3000 | | | 发货 |
| | | | | | | | |
| | | | | | | | |
| | | | | | | | |
| | | | | | | | |
| 合 | | | | 计 | | | |

第一联　存根联

仓库主管：孙辉　　记账：　　保管：刘丽　　经手人：　　制单：



## 湖北增值税普通发票

042001800104　　№ 150218

042001800104
150218

记账联

开票日期：2017年1月18日

| | | |
|---|---|---|
| 购买方 | 名　　称：豪峰建材销售有限公司<br>纳税人识别号：120009884731125<br>地 址、电 话：武汉蔡甸区乐诚路939号027-83980812<br>开户行及账号：农行三江路支行36542549 | 密码区：172312-4-275 <1+46*54* 82*59*<br>181321> <8182*59*09618153</<br><4<3*2702-9> 9*+153</0 >2-3<br>*08/4>*> >2-3*0/9/> >25-275<1 |

| 货物或应税劳务、服务名称 | 规格型号 | 单位 | 数　量 | 单　价 | 金　额 | 税率 | 税　额 |
|---|---|---|---|---|---|---|---|
| 04010100001 | | 米 | 3000 | 1.926 | 5,778.00 | 0.17 | 982.26 |
| 合　　计 | | | | | ¥5,778.00 | | ¥982.26 |
| 价税合计（大写） | ⊗ 陆仟柒佰陆拾元贰角陆分 | | | | （小写）¥6,760.26 | | |

| | | |
|---|---|---|
| 销售方 | 名　　称：武汉海蓝贸易有限公司<br>纳税人识别号：91420103792418658H<br>地 址、电 话：武汉市江汉区民权路98号汉来灯饰五金电料市场一楼D54-55号027-85378244<br>开户行及账号：工行江汉路支行79770100067870 | 备注：（印章：武汉海蓝贸易有限公司 12345678901234 发票专用章） |

收款人：　　复核：周石　　开票人：周佩　　销售方：（章）

税总函[2016]××号××××公司

第一联：记账联　销售方记账凭证

（18）



## 固　定　资　产　卡　片

第　　号

类　别　办公设备　　　2017 年 1 月 19 日　　　单位：元

| 编 号 | | 名称 | 打印机 | 新旧程度 | 新 | 财产来源 | 外购 |
|---|---|---|---|---|---|---|---|
| 牌号 | | 规格 | 惠普6330 | 财产原值 | ¥3,000.00 | 保管地点 | 财务部 |
| 数量 | 1 | 特征 | 浅蓝色 | 来源时间 | | 已使年限 | 0 |
| 所属设备 | 惠普6330 | | | | | | |
| 折旧价格 | | 折旧年限 | | 年折旧额 | | 清理残值 | |
| 备注 | 本月购买，当月增加不计提。预计使用5年，净残值率3% | | | | | | |

| 年　度 | 累计折旧 | 账面净值 | 年　度 | 累计折旧 | 账面净值 |
|---|---|---|---|---|---|
| | | ¥3,000.00 | | | ¥3,000.00 |
| | | ¥3,000.00 | | | ¥3,000.00 |
| | | ¥3,000.00 | | | ¥3,000.00 |
| | | ¥3,000.00 | | | ¥3,000.00 |
| | | ¥3,000.00 | | | ¥3,000.00 |

**中国工商银行　转账支票**　　10204220 P0118

付款期限自出票之日起十天

出票日期（大写）贰零壹柒 年 零壹 月 壹拾玖 日　　付款行名称：工行江汉路支行

收款人：王松　　出票人账号：79770100067870

| 人民币（大写） | 叁仟元整 | 亿 | 千 | 百 | 十 | 万 | 千 | 百 | 十 | 元 | 角 | 分 |
|---|---|---|---|---|---|---|---|---|---|---|---|---|
| | | | | | | ¥ | 3 | 0 | 0 | 0 | 0 | 0 |

用途 购买打印机　　密码 6180723879601206

上列款项请从

我账户内支付

出票人签章　武汉海蓝贸易有限公司 财务专用章　左桃先印　　复核 石丽　　记账 周佩

---

（19）

**中国工商银行　转账支票**　　10204220 Y0114

付款期限自出票之日起十天

出票日期（大写）贰零壹柒 年 零壹 月 零贰拾 日　　付款行名称：建行汉西二路支行

收款人：武汉海蓝贸易有限公司　　出票人账号：36542212

| 人民币（大写） | 柒万捌仟零伍拾元整 | 亿 | 千 | 百 | 十 | 万 | 千 | 百 | 十 | 元 | 角 | 分 |
|---|---|---|---|---|---|---|---|---|---|---|---|---|
| | | | | | ¥ | 7 | 8 | 0 | 5 | 0 | 0 | 0 |

用途 货款　　密码 9233382508220225

上列款项请从

我账户内支付

出票人签章　飞利浦综合布线FLP公司 财务专用章　黄微松印　　复核 石丽　　记账 周佩

---

（20）

科技伴随　高效学习

**出　库　单**　　No.

购货单位：佳顺建材销售有限公司　　2017 年 1 月 20 日

| 编号 | 品名 | 规格 | 单位 | 数量 | 单价 | 金额 | 备注 |
|---|---|---|---|---|---|---|---|
| 311160026M | 金牛PVC-U线管16*2M（黄色） | | 米 | 4290 | | | 含税金额 |
| | | | | | | | |
| | | | | | | | |
| | | | | | | | |
| | | | | | | | |
| 合计 | | | | | | | |

第一联　存根联

仓库主管：孙辉　　记账：　　保管：刘丽　　经手人：　　制单：

# 出　库　单

No.

购货单位：佳顺建材销售有限公司　　2017 年 1 月 20 日

| 编　号 | 品　名 | 规　格 | 单位 | 数　量 | 单　价 | 金　额 | 备　注 |
|---|---|---|---|---|---|---|---|
| 30420900 | 金牛绿翡翠 90弯头20mm | | 个 | 2160 | | | 含税金额 |
| | | | | | | | |
| | | | | | | | |
| | | | | | | | |
| | | | | | | | |
| 合 | | | | 计 | | | |

第一联　存根联

仓库主管：孙辉　　记账：　　保管：刘丽　　经手人：　　制单：

---



042001800104　　**湖北增值税普通发票**　　№ 150219

042001800104
150219

记账联

开票日期：2017年1月20日

税总函[2016]××号××××公司

| 购买方 | | 密码区 | |
|---|---|---|---|
| 名　　称： | 佳顺建材销售有限公司 | | 172312-4-275 <1+46*54* 82*59* |
| 纳税人识别号： | 310106548765412 | | 181321> <8182*59*09618153 </ |
| 地 址、电 话： | 武汉东西湖区钧威路208号18086508901 | | <4 <3*2702-9> 9*+153 </0 >2-3 |
| 开户行及账号： | 工行额头湾支行73853623 | | *08/4>*> >2-3*0/9/> >25-275 <1 |

| 货物或应税劳务、服务名称 | 规格型号 | 单位 | 数量 | 单价 | 金额 | 税率 | 税额 |
|---|---|---|---|---|---|---|---|
| 311160026H | | 米 | 4290 | 1.53846154 | 6,600.00 | 0.17 | 1,122.00 |
| 合　计 | | | | | ¥6,600.00 | | ¥1,122.00 |
| 价税合计（大写） | ⊗ 柒仟柒佰贰拾贰元整 | | | | （小写）¥7,722.00 | | |

| 销售方 | | 备注 |
|---|---|---|
| 名　　称： | 武汉海蓝贸易有限公司 | |
| 纳税人识别号： | 91420103792418658H | |
| 地 址、电 话： | 武汉市江汉区民权路98号汉来灯饰五金电料市场一楼D54-55号027-85378244 | |
| 开户行及账号： | 工行江汉路支行79770100067870 | |

收款人：　　复核：周石　　开票人：周佩　　销售方：（章）

武汉海蓝贸易有限公司 12345678901234 发票专用章

第一联：记账联　销售方记账凭证

---



042001800104　　**湖北增值税普通发票**　　№ 150236

042001800104
150236

记账联

开票日期：2017年1月20日

税总函[2016]××号××××公司

| 购买方 | | 密码区 | |
|---|---|---|---|
| 名　　称： | 佳顺建材销售有限公司 | | 172312-4-275 <1+46*54* 82*59* |
| 纳税人识别号： | 310106548765412 | | 181321> <8182*59*09618153 </ |
| 地 址、电 话： | 武汉东西湖区钧威路208号18086508901 | | <4 <3*2702-9> 9*+153 </0 >2-3 |
| 开户行及账号： | 工行额头湾支行73853623 | | *08/4>*> >2-3*0/9/> >25-275 <1 |

| 货物或应税劳务、服务名称 | 规格型号 | 单位 | 数量 | 单价 | 金额 | 税率 | 税额 |
|---|---|---|---|---|---|---|---|
| 304209001 | | 个 | 2160 | 1.70940278 | 3,692.31 | 0.17 | 627.69 |
| 合　计 | | | | | ¥3,692.31 | | ¥627.69 |
| 价税合计（大写） | ⊗ 肆仟叁佰贰拾元整 | | | | （小写）¥4,320.00 | | |

| 销售方 | | 备注 |
|---|---|---|
| 名　　称： | 武汉海蓝贸易有限公司 | |
| 纳税人识别号： | 91420103792418658H | |
| 地 址、电 话： | 武汉市江汉区民权路98号汉来灯饰五金电料市场一楼D54-55号027-85378244 | |
| 开户行及账号： | 工行江汉路支行79770100067870 | |

收款人：　　复核：周石　　开票人：周佩　　销售方：（章）

武汉海蓝贸易有限公司 12345678901234 发票专用章

第一联：记账联　销售方记账凭证

---

(21)　无票据

（22）



# 出　　库　　单

No.

购货单位：江南美装饰公司　　　　2017　年　1　月　21　日

| 编　号 | 品　　名 | 规　格 | 单位 | 数　量 | 单　价 | 金　　额 | 备　注 |
|---|---|---|---|---|---|---|---|
| 303202803 | 金牛PPR绿翡翠S32PN20MPa20 *28*3M | | | 9 000 | | | 含税金额 |
| 304209001 | 金牛绿翡翠 90弯头20mm | | | 5 940 | | | 含税金额 |
| 311160026H | 金牛PVC-U线管16*26M（黄色） | | | 3 900 | | | 含税金额 |
| 311160026L | 金牛PVC-U线管16*26M（绿色） | | | 3 900 | | | 含税金额 |
| 311161001H | PVC线管直接16mm（黄色） | | | 21 600 | | | 含税金额 |
| 合　　计 | | | | | | | |

第一联　存根联

仓库主管：孙辉　　记账：　　保管：刘丽　　经手人：　　制单：



# 出　　库　　单

No.

购货单位：江南美装饰公司　　　　2017　年　1　月　21　日

| 编　号 | 品　　名 | 规　格 | 单位 | 数　量 | 单　价 | 金　　额 | 备　注 |
|---|---|---|---|---|---|---|---|
| 311161001L | PVC线管直接16mm（绿色 | | | 7 200 | | | 含税金额 |
| | | | | | | | |
| | | | | | | | |
| | | | | | | | |
| | | | | | | | |
| 合　　计 | | | | | | | |

第一联　存根联

仓库主管：孙辉　　记账：　　保管：刘丽　　经手人：　　制单：

4200161140

# 湖北增值税普通发票

No 150220



4200161140
150220

记账联

开票日期：2017年1月21日

| 购买方 | | 密码区 | |
|---|---|---|---|
| 名　　称： | 江南美装饰公司 | | 172312-4-275 <1+46*54* 82*59*<br>181321> <8182*59*09618153 </<br><4 <3*2702-9> 9*+153 </0 >2-3<br>*08/4>*> >2-3*0/9/> >25-275 <1 |
| 纳税人识别号： | 120009884732123 | | |
| 地址、电话： | 武汉江岸区略泓路520号13971365202 | | |
| 开户行及账号： | 建行东亭支行36542205 | | |

| 货物或应税劳务、服务名称 | 规格型号 | 单位 | 数量 | 单价 | 金额 | 税率 | 税额 |
|---|---|---|---|---|---|---|---|
| 303202803 | | 米 | 9000 | 2.56410222 | 23,076.92 | 0.1 | 3,923.08 |
| 304209001 | | 个 | 5940 | 1.7094023569 | 10,153.85 | 0.17 | 1,726.15 |
| 311160026H | | 米 | 3900 | 1.538461 | 6,000.00 | 0.17 | 1,020.00 |
| 311160026L | | 米 | 3900 | 1.538461 | 6,000.00 | 0.17 | 1,020.00 |
| 311161001H | | 个 | 21600 | 1.2820513 | 27,692.31 | 0.17 | 4,707.69 |
| 合　　计 | | | | | ¥72,923.07 | | ¥12,396.92 |
| 价税合计（大写） | ⊗捌万伍仟叁佰贰拾元整 | | | | （小写）¥85,320.00 | | |

| 销售方 | | 备注 |
|---|---|---|
| 名　　称： | 武汉海蓝贸易有限公司 | |
| 纳税人识别号： | 91420103792418658H | |
| 地址、电话： | 武汉市江汉区民权路98号汉来灯饰五金电料市场一楼D54-55 | |
| 开户行及账号： | 工行江汉路支行79770100067870 | |

武汉海蓝贸易有限公司
12345678901234
发票专用章

收款人：　　复核：周石　　开票人：周佩　　销售方：（章）

税总函[2016]××号××××公司

第一联：记账联　销售方记账凭证

4200161140

**湖北增值税普通发票**

№ 150220

科技伴随　高效学习

4200161140
150220

记账联

开票日期：2017年1月21日

| | | | |
|---|---|---|---|
| 购买方 | 名　　称：江南美装饰公司<br>纳税人识别号：120009884732123<br>地 址、电 话：武汉江岸区略泓路520号13971365202<br>开户行及账号：建行东亭支行36542205 | 密码区 | 172312-4-275<1+46*54* 82*59*<br>181321><8182*59*09618153</<br><4<3*2702-9>9*+153</0 >2-3<br>*08/4>*>>2-3*0/9/>>25-275<1 |

| 货物或应税劳务、服务名称 | 规格型号 | 单位 | 数量 | 单价 | 金额 | 税率 | 税额 |
|---|---|---|---|---|---|---|---|
| 311161001L | | 个 | 7200 | 1.28205139 | 9,230.77 | 0.17 | 1,569.23 |
| 合　　计 | | | | | ¥9,230.77 | | ¥1,569.23 |
| 价税合计（大写） | ⊗ 壹万零捌佰元整 | | | | （小写）¥10,800.00 | | |

| | | | |
|---|---|---|---|
| 销售方 | 名　　称：武汉海蓝贸易有限公司<br>纳税人识别号：91420103792418658H<br>地 址、电 话：武汉市江汉区民权路98号汉来灯饰五金电料市场一楼D54-55号027-85378244<br>开户行及账号：工行江汉路支行79770100067870 | 备注 | 武汉海蓝贸易有限公司<br>12345678901234<br>发票专用章 |

收款人：　　复核：周石　　开票人：周佩　　销售方：（章）

税总函[2016]××号××××公司

第一联：记账联　销售方记账凭证

(23)

**中国建设银行**
**转账支票存根**

10501120
P0101

附加信息
为商务部办公车辆充值加油卡

出票日期　2017年　1　月　21　日

| | |
|---|---|
| 收款人： | 江汉二路加油站 |
| 金　额： | ¥2,000.00 |
| 用　途： | 油卡充值 |

单位主管　　　会计

海南金融印务有限公司·2011年印制

(24)

科技伴随　高效学习

**费 用 报 销 单**

报销部门：商务部　　　2017 年 1 月 21 日填　　　单据及附件共＿＿＿页

| 用　　途 | 金额（元） | 备注 | | | |
|---|---|---|---|---|---|
| 话费报销 | 495.00 | | | | |
| | | 部门审核 | 何鹏飞 | 领导审批 | 左桃先 |
| | | | | | |
| | | | | | |
| 合　　计 | ¥495.00 | | | | |
| 金额大写：零 拾 零 万 零 仟 肆 佰 玖 拾 伍 元 零 角 零 分 | | 原借款：　　元 | | 应退余款：¥-495.00 元 | |

会计主管　石丽　　会计　周石　　出纳　周佩　　报销人　周运兵　　领款人　周运兵

**中国工商银行**
**转账支票存根**

10201120
P0102

附加信息
转账支付员工话费报销

出票日期 2017年 1 月 21 日

| | |
|---|---|
| 收款人： | 商务部 |
| 金　额： | ¥495.00 |
| 用　途： | 员工话费 |

单位主管 何鹏飞 会计 石丽

(25)

**中国工商银行 转账支票**　　10204220 P0103

出票日期（大写） 贰零壹柒 年 零壹 月 贰拾贰 日　　付款行名称：工行江汉路支行
收款人：周黎明　　出票人账号：79770100067870

付款期限自出票之日起十天

| 人民币（大写） | 亿 | 千 | 百 | 十 | 万 | 千 | 百 | 十 | 元 | 角 | 分 |
|---|---|---|---|---|---|---|---|---|---|---|---|
| 陆仟肆佰贰拾元整 | | | | | ¥ | 6 | 4 | 2 | 0 | 0 | 0 |

用途 飞利浦事业部送货请车费用　　密码 5244982074218818

上列款项请从
我账户内支付
出票人签章　　武汉海蓝贸易有限公司 财务专用章　　左桃先印

复核 石丽　　记账 周佩

(26)

科技伴随 高效学习

## 费用报销单

报销部门：金牛事业部　　2017 年 1 月 22 日填　　单据及附件共______页

| 用途 | 金额（元） | 备注 | | | |
|---|---|---|---|---|---|
| 觅糖装饰公司进场费 | 10,000.00 | | | | |
| | | | | | |
| | | 部门审核 | 黄兆丹 | 领导审批 | 左桃先 |
| | | | | | |
| 合计 | ¥10,000.00 | | | | |
| 金额大写：零 拾 壹 万 零 仟 零 佰 零 拾 零 元 零 角 零 分 | | 原借款： 元 | | 应退余款：¥-10,000.00 元 | |

会计主管 石丽　　会计 周石　　出纳 周佩　　报销人 王宇　　领款人 王宇

中国建设银行 转账支票

10504220
Y0140

出票日期（大写） 贰零壹柒 年 零壹 月 贰拾贰 日　　付款行名称：工行江汉路支行

收款人：武汉觅糖装饰公司　　出票人账号：79770100067870

| 人民币（大写） | 壹万元整 | 亿 | 千 | 百 | 十 | 万 | 千 | 百 | 十 | 元 | 角 | 分 |
|---|---|---|---|---|---|---|---|---|---|---|---|---|
| | | | | | ¥ | 1 | 0 | 0 | 0 | 0 | 0 | 0 |

用途 进场费　　密码 5244982074218818

上列款项请从
我账户内支付
出票人签章　（印章：武汉海蓝贸易有限公司 财务专用章；先左印桃）

复核 石丽　　记账 周佩

付款期限自出票之日起十天

(27)

科技伴随 高效学习

## 出　库　单

No.

购货单位：武汉嘉禾装饰集团有限公司　　2017 年 1 月 24 日

| 编号 | 品名 | 规格 | 单位 | 数量 | 单价 | 金额 | 备注 |
|---|---|---|---|---|---|---|---|
| 310160024H | | | 米 | 14976 | | | 含税金额 |
| 310160024L | | | 米 | 7200 | | | 含税金额 |
| | | | | | | | |
| | | | | | | | |
| | | | | | | | |
| 合 | 计 | | | | | | |

仓库主管：孙辉　记账：　保管：刘丽　经手人：　制单：

第一联 存根联

4200151140　　湖北增值税专用发票　　№ 150221

科技伴随 高效学习

4200151140
150221

此联不作报销、扣税凭证使用　　开票日期：2017年1月24日

| 购买方 | 名称：武汉嘉禾装饰集团有限公司<br>纳税人识别号：108369856004213<br>地址、电话：武汉江汉区麦伦路716号027-14550360<br>开户行及账号：工行华府支行69320912 | 密码区 | 172312-4-275 <1+46*54* 82*59*<br>181321> <8182*59*09618153</<br><4<3*2702-9>9*+153</0 >2-3<br>*08/4>*>>2-3*0/9/>>25-275<1 |
|---|---|---|---|

| 货物或应税劳务、服务名称 | 规格型号 | 单位 | 数量 | 单价 | 金额 | 税率 | 税额 |
|---|---|---|---|---|---|---|---|
| 310160024H | | 米 | 14976 | 0.547008547 | 8,192.00 | 0.17 | 1,392.64 |
| 310160024L | | 米 | 7200 | 0.547008 | 3,938.46 | 0.17 | 669.54 |
| 合计 | | | | | ¥12,130.46 | | ¥2,062.18 |
| 价税合计（大写） | ⊗壹万肆仟壹佰玖拾贰元陆角肆分 | | | | （小写）¥14,192.64 | | |

| 销售方 | 名称：武汉海蓝贸易有限公司<br>纳税人识别号：91420103792418658H<br>地址、电话：武汉市江汉区民权路98号汉来灯饰五金电料市场一楼D54-55号027-85378244<br>开户行及账号：工行江汉路支行79770100067870 | 备注 | （印章：武汉海蓝贸易有限公司 12345678901234 发票专用章） |
|---|---|---|---|

收款人：　复核：周石　开票人：周佩　销售方（章）

税总函[2016]××号×××××公司

第一联：记账联 销售方记账凭证

（28）

## 中国工商银行 转账支票

10204223
Y0201

出票日期（大写） 贰零壹柒 年 零壹 月 贰拾叁 日　　付款行名称：工行江汉路支行

收款人：金牛管业（武汉）有限公司　　出票人账号：79770100067870

付款期限自出票之日起十天

| 人民币（大写） | 亿 | 千 | 百 | 十 | 万 | 千 | 百 | 十 | 元 | 角 | 分 |
|---|---|---|---|---|---|---|---|---|---|---|---|
| 肆万零伍佰伍拾元整 | | | | ¥ | 4 | 0 | 5 | 5 | 0 | 0 | 0 |

用途 支付供应商货款　　密码 4190694703220795

上列款项请从
我账户内支付
出票人签章　　（印章：武汉海蓝贸易有限公司 财务专用章）（印章：左桃 先印）　　复核 石丽　　记账 周佩

（29）

科技伴随 高效学习

## 出 库 单

No.

购货单位：山水人家装饰公司　　2017 年 1 月 24 日

| 编 号 | 品 名 | 规 格 | 单位 | 数 量 | 单 价 | 金 额 | 备 注 |
|---|---|---|---|---|---|---|---|
| QF7716100R | QF7716RT100M 橙色五类双屏网线 | | 米 | 3600 | | | 含税金额 |
| | | | | | | | |
| | | | | | | | |
| | | | | | | | |
| | | | | | | | |
| 合 计 | | | | | | | |

第一联 存根联

仓库主管：孙辉　　记账：　　保管：刘丽　　经手人：　　制单：

## 湖北增值税普通发票

042001800104　　№ 150222

科技伴随 高效学习

记账联

042001800104
150222
开票日期：2017年1月24日

税总函[2016]××号×××××公司

| 购买方 | | 密码区 | |
|---|---|---|---|
| 名 称： | 山水人家装饰公司 | | 172312-4-275<1+46*54* 82*59* |
| 纳税人识别号： | 108369856008917 | | 181321><8182*59*09618153</ |
| 地 址、电 话： | 武汉江岸区飞妙路075号18297734611 | | <4<3*2702-9>9*+153</0 >2-3 |
| 开户行及账号： | 工行上地分行73124553 | | *08/4>*>>2-3*0/9/>>25-275<1 |

| 货物或应税劳务、服务名称 | 规格型号 | 单位 | 数 量 | 单 价 | 金 额 | 税率 | 税 额 |
|---|---|---|---|---|---|---|---|
| QF7716100R | | 米 | 3600 | 1.67521389 | 6,030.77 | 0.17 | 1,025.23 |
| 合 计 | | | | | ¥6,030.77 | | ¥1,025.23 |
| 价税合计（大写） | ⊗ 柒仟零伍拾陆元整 | | | | （小写）¥7,056.00 | | |

| 销售方 | | 备注 |
|---|---|---|
| 名 称： | 武汉海蓝贸易有限公司 | |
| 纳税人识别号： | 91420103792418658H | |
| 地 址、电 话： | 武汉市江汉区民权路98号汉来灯饰五金电料市场一楼D54-55号027-85378244 | |
| 开户行及账号： | 工行江汉路支行79770100067870 | |

收款人：　　复核：周石　　开票人：周佩　　销售方：（章）（印章：武汉海蓝贸易有限公司 发票专用章）

第一联：记账联 销售方记账凭证

（30）

## 中国工商银行 转账支票

10204220
Y0115

出票日期（大写） 贰零壹柒 年 零壹 月 贰拾叁 日　　付款行名称：建行东亭支行

收款人：武汉海蓝贸易有限公司　　出票人账号：36542205

付款期限自出票之日起十天

| 人民币（大写） | 捌万玖仟元整 | 亿 | 千 | 百 | 十 | 万 | 千 | 百 | 十 | 元 | 角 | 分 |
|---|---|---|---|---|---|---|---|---|---|---|---|---|
| | | | | | ¥ | 8 | 9 | 0 | 0 | 0 | 0 | 0 |

用途 货款　　密码 7762706586699251

上列款项请从

我账户内支付

出票人签章　（印章：江南美装饰公司 财务专用章）（印章：朱舰印壮）

复核 孙文　　记账 李兰

（31）



## 出 库 单

No.

购货单位：面对面装饰公司　　2017 年 1 月 24 日

| 编号 | 品名 | 规格 | 单位 | 数量 | 单价 | 金额 | 备注 |
|---|---|---|---|---|---|---|---|
| 04010100012 | 飞利浦 SWA1931/93-305 [illegible] | | 米 | 18300 | | | 含税金额 |
| 04010200009 | 飞利浦 [illegible] | | 米 | 4000 | | | 含税金额 |
| | | | | | | | |
| | | | | | | | |
| | | | | | | | |
| 合 | | | | | 计 | | |

第一联 存根联

仓库主管：孙辉　　记账：　　保管：刘丽　　经手人：　　制单：

## 湖北增值税专用发票

4200151140　　№ 150223　　4200151140　150223



此联不作报销、扣税凭证使用　　开票日期：2017年1月24日

税总函[2016]××号××××公司

| 购买方 | |
|---|---|
| 名称： | 面对面装饰公司 |
| 纳税人识别号： | 36542234 |
| 地址、电话： | 南京市奥壹路828号36542234 |
| 开户行及账号： | 工行云锦路支行36542234 |

密码区：172312-4-275 <1+46*54* 82*59* 181321> <8182*59*09618153 </ <4 <3*2702-9> 9*+153 </0 >2-3 *08/4>*> >2-3*0/9/> >25-275 <1

| 货物或应税劳务、服务名称 | 规格型号 | 单位 | 数量 | 单价 | 金额 | 税率 | 税额 |
|---|---|---|---|---|---|---|---|
| 04010100012 | | 米 | 18300 | 1.7094016 | 31,282.05 | 0.17 | 5,317.95 |
| 04010200009 | | 米 | 4000 | 2.136752 | 8,547.01 | 0.17 | 1,452.99 |
| 合计 | | | | | ¥39,829.06 | | ¥6,770.94 |

价税合计（大写） ⊗ 肆万陆仟陆佰元整　　（小写）¥46,600.00

| 销售方 | |
|---|---|
| 名称： | 武汉海蓝贸易有限公司 |
| 纳税人识别号： | 91420103792418658H |
| 地址、电话： | 武汉市江汉区民权路98号汉来灯饰五金电料市场一楼D54-55号027-85378244 |
| 开户行及账号： | 工行江汉路支行79770100067870 |

备注：（印章：武汉海蓝贸易有限公司 发票专用章）

第一联：记账联 销售方记账凭证

收款人：　　复核：周石　　开票人：周佩　　销售方：（章）

（32）

## 中国工商银行 转账支票

10203226
Y0116

付款期限自出票之日起十天

| | | | |
|---|---|---|---|
| 出票日期（大写） | 贰零壹柒 年 零壹 月 贰拾肆 日 | 付款行名称： | 工行云锦路支行 |
| 收款人： | 武汉海蓝贸易有限公司 | 出票人账号： | 36542234 |

| 人民币（大写） | 亿 | 千 | 百 | 十 | 万 | 千 | 百 | 十 | 元 | 角 | 分 |
|---|---|---|---|---|---|---|---|---|---|---|---|
| 玖万零伍佰元整 | | | | ¥ | 9 | 0 | 5 | 0 | 0 | 0 | 0 |

用途 货款　　　　密码 7762706586699251

上列款项请从
我账户内支付
出票人签章　　财务专用章　　吴姣印

复核 孙文　　记账 李兰

（33）

科技伴随 高效学习

## 出　　库　　单

No.

购货单位：京汉安驰商贸有限公司　　2017 年 1 月 24 日

| 编　　号 | 品　　名 | 规　　格 | 单位 | 数　　量 | 单　　价 | 金　　额 | 备　　注 |
|---|---|---|---|---|---|---|---|
| XS003896890 | 900 黑 250 17MM X 20yds | | 卷 | 2500 | | | 含税金额 |
| YD0377305R | YD0377RT506M（橙色）五类双屏网线 | | 米 | 2135 | | | 含税金额 |
| | | | | | | | |
| | | | | | | | |
| | | | | | | | |
| 合 | | | 计 | | | | |

第一联 存根联

仓库主管：孙辉　　记账：　　保管：刘丽　　经手人：　　制单：

## 湖北增值税专用发票

4200151155　　№ 150224　　4200151155　150224

科技伴随 高效学习

此联不作报销、扣税凭证使用　　开票日期：2017年1月24日

| | | |
|---|---|---|
| 购买方 | 名　　称：京汉安驰商贸有限公司<br>纳税人识别号：108369856003204<br>地 址、电 话：武汉江汉区国郎路649号15802768710<br>开户行及账号：工行青年路支行69325502 | 密码区 172312-4-275<1+46*54* 82*59*<br>181321><8182*59*09618153</<br><4<3*2702-9>9*+153</0 >2-3<br>*08/4>*>>2-3*0/9/>>25-275<1 |

| 货物或应税劳务、服务名称 | 规格型号 | 单位 | 数 量 | 单 价 | 金 额 | 税率 | 税 额 |
|---|---|---|---|---|---|---|---|
| HS003090090 | | 卷 | 2500 | 2.136752 | 5,341.88 | 0.17 | 908.12 |
| YD0377305R | | 米 | 2135 | 2.393161 | 5,109.40 | 0.17 | 868.60 |
| 合　　计 | | | | | ¥10,451.28 | | ¥1,776.72 |
| 价税合计（大写） | ⊗ 壹万贰仟贰佰贰拾捌元整 | | | | （小写）¥12,228.00 | | |

| | | |
|---|---|---|
| 销售方 | 名　　称：武汉海蓝贸易有限公司<br>纳税人识别号：91420103792418658H<br>地 址、电 话：武汉市江汉区民权路98号汉来灯饰五金电料市场一楼D54-55号027-85378244<br>开户行及账号：工行江汉路支行79770100067870 | 备注 |

收款人：　　复核：周石　　开票人：周佩　　销售方：（章）

武汉海蓝贸易有限公司 发票专用章

税总函[2016]××号××××公司

第一联：记账联　销售方记账凭证

(34)

## 中国建设银行　转账支票

10504220
Y0202

付款期限自出票之日起十天

出票日期（大写）　贰零壹柒　年　零壹　月　贰拾肆　日　　付款行名称：工行江汉路支行

收款人：3M中国有限公司　　出票人账号：79770100067870

| 人民币（大写） | 亿 | 千 | 百 | 十 | 万 | 千 | 百 | 十 | 元 | 角 | 分 |
|---|---|---|---|---|---|---|---|---|---|---|---|
| 贰万玖仟捌佰元整 | | | | ¥ | 2 | 9 | 8 | 0 | 0 | 0 | 0 |

用途　支付货款　　密码　9422522989017695

上列款项请从

我账户内支付

出票人签章　武汉海蓝贸易有限公司　财务专用章　先左印桃　　复核　石丽　　记账　周佩

(35)

## 中国工商银行　转账支票

10204221
Y0203

付款期限自出票之日起十天

出票日期（大写）　贰零壹柒　年　零壹　月　贰拾伍　日　　付款行名称：工行江汉路支行

收款人：天津市高士达电器有限公司　　出票人账号：79770100067870

| 人民币（大写） | 亿 | 千 | 百 | 十 | 万 | 千 | 百 | 十 | 元 | 角 | 分 |
|---|---|---|---|---|---|---|---|---|---|---|---|
| 叁万元整 | | | | ¥ | 3 | 0 | 0 | 0 | 0 | 0 | 0 |

用途　支付货款　　密码　9422522989017695

上列款项请从

我账户内支付

出票人签章　武汉海蓝贸易有限公司　财务专用章　先左印桃　　复核　石丽　　记账　周佩

(36)

## 中国工商银行　转账支票

10204222
Y0204

付款期限自出票之日起十天

出票日期（大写）　贰零壹柒　年　零壹　月　贰拾伍　日　　付款行名称：工行江汉路支行

收款人：武汉市飞利浦电器　　出票人账号：79770100067870

| 人民币（大写） | 亿 | 千 | 百 | 十 | 万 | 千 | 百 | 十 | 元 | 角 | 分 |
|---|---|---|---|---|---|---|---|---|---|---|---|
| 叁万玖仟捌佰伍拾元整 | | | | ¥ | 3 | 9 | 8 | 5 | 0 | 0 | 0 |

用途　支付货款　　密码　9422522989017695

上列款项请从

我账户内支付

出票人签章　武汉海蓝贸易有限公司　财务专用章　先左印桃　　复核　石丽　　记账　周佩

（37）



## 出　　库　　单

No.

购货单位：天海饰家装饰公司　　2017　年　1　月　25　日

| 编　号 | 品　　名 | 规　　格 | 单位 | 数　　量 | 单　　价 | 金　　　　额 | 备　注 |
|---|---|---|---|---|---|---|---|
| 311160026LXJH | | | 米 | 6240 | | | |
| 311160026LXJL | | | 米 | 2340 | | | |
| 311161001H | | | 米 | 16000 | | | |
| 310160026H | | | 米 | 11700 | | | |
| | | | | | | | |
| 合 | | | | 计 | | | |

第一联　存根联

仓库主管：孙辉　　记账：　　保管：刘丽　　经手人：　　制单：

4200151155

## 湖北增值税专用发票



№ 150225　4200151155　150225

此联不作报销、扣税凭证使用

开票日期：2017年1月26日

| 购买方 | | 密码区 |
|---|---|---|
| 名　　称：天海饰家装饰公司 | | 172312-4-275＜1+46*54* 82*59* |
| 纳税人识别号：120009884732712 | | 181321＞＜8182*59*09618153＜/ |
| 地 址、电 话：武汉洪山区德月路300号15971417912 | | ＜4＜3*2702-9＞9*+153＜/0 ＞2-3 |
| 开户行及账号：工行汉西一路分行69325581 | | *08/4＞*＞＞2-3*0/9/＞＞25-275＜1 |

| 货物或应税劳务、服务名称 | 规格型号 | 单位 | 数　量 | 单　价 | 金　　额 | 税率 | 税　　额 |
|---|---|---|---|---|---|---|---|
| 311160026LXJH | | 米 | 6240 | 2.5641025 | 16,000.00 | 0.17 | 2,720.00 |
| 311160026LXJL | | 米 | 2340 | 2.5641025 | 6,000.00 | 0.17 | 1,020.00 |
| 311161001H | | 个 | 16000 | 1.2820512 | 20,512.82 | 0.17 | 3,487.18 |
| 310160026H | | 米 | 11700 | 1.196581 | 14,000.00 | 0.17 | 2,380.00 |
| 合　　计 | | | | | ¥56,512.82 | | ¥9,607.18 |
| 价税合计（大写） | ⊗ 陆万陆仟壹佰贰拾元整 | | | | （小写）¥66,120.00 | | |

| 销售方 | 备注 |
|---|---|
| 名　　称：武汉海蓝贸易有限公司 | |
| 纳税人识别号：91420103792418658H | |
| 地 址、电 话：武汉市江汉区民权路98号汉来灯饰五金电料市场一楼D54-55号027-85378244 | |
| 开户行及账号：工行江汉路支行79770100067870 | |

武汉海蓝贸易有限公司　12345678901234　发票专用章

收款人：　　复核：周石　　开票人：周佩　　销售方：（章）

税总函[2016]××号××××公司

第一联：记账联　销售方记账凭证

（38）

## 中国建设银行　转账支票

10504224
Y0117

出票日期（大写）　贰零壹柒　年　零壹　月　贰拾伍　日　　付款行名称：工行华府支行

收款人：武汉海蓝贸易有限公司　　出票人账号：69320912

| 人民币（大写） | 柒万伍仟壹佰元整 | 亿 | 千 | 百 | 十 | 万 | 千 | 百 | 十 | 元 | 角 | 分 |
|---|---|---|---|---|---|---|---|---|---|---|---|---|
| | | | | | ¥ | 7 | 5 | 1 | 0 | 0 | 0 | 0 |

用途　支付货款　　密码　9422522989017695

上列款项请从

我账户内支付

出票人签章　　武汉嘉禾装饰集团有限公司　财务专用章　　松黄印微　　复核　刘委　　记账　李霜

付款期限自出票之日起十天

（39）



# 出　　库　　单

No.

购货单位：豪峰建材销售有限公司　　　2017 年 1 月 25 日

| 编　号 | 品　名 | 规　格 | 单位 | 数　量 | 单　价 | 金　额 | 备　注 |
|---|---|---|---|---|---|---|---|
| 04010100001 | 飞利浦SWA195393HB-100 CAT5E灰色网线 | | 米 | -300 | | | 无税金额 |
| | | | | | | | |
| | | | | | | | |
| | | | | | | | |
| | | | | | | | |
| 合 | | | | 计 | | | |

第一联　存根联

仓库主管：孙辉　　记账：　　保管：刘丽　　经手人：　　制单：

---



042001800104

# 湖北增值税普通发票

№ 150226

042001800104
150226

记账联

开票日期：2017年1月25日

| | |
|---|---|
| 购买方 | 名　　称：豪峰建材销售有限公司<br>纳税人识别号：120009884731125<br>地 址、电 话：武汉蔡甸区乐诚路939号027-83980812<br>开户行及账号：农行三江路支行36542549 |
| 密码区 | 172312-4-275 <1+46*54* 82*59*<br>181321> <8182*59*09618153 </<br><4 <3*2702-9> 9*+153 </0 >2-3<br>*08/4>*> >2-3*0/9/> >25-275 <1 |

| 货物或应税劳务、服务名称 | 规格型号 | 单位 | 数　量 | 单　价 | 金　额 | 税率 | 税　额 |
|---|---|---|---|---|---|---|---|
| 04010100001 | | 米 | -300 | 1.926 | -577.80 | 0.17 | -98.23 |
| 合　　计 | | | | | ¥-577.80 | | ¥-98.23 |
| 价税合计（大写） | ⊗（负数）陆佰柒拾陆元零叁分 | | | | （小写）¥-676.03 | | |

| | | | |
|---|---|---|---|
| 销售方 | 名　　称：武汉海蓝贸易有限公司<br>纳税人识别号：91420103792418658H<br>地 址、电 话：武汉市江汉区民权路98号汉来灯饰五金电料市场一楼D54-55号027-85378244<br>开户行及账号：工行江汉路支行79770100067870 | 备注 | |

收款人：　　复核：周石　　开票人：周佩　　销售方：（章）

武汉海蓝贸易有限公司　123456789001234　发票专用章

税总函[2016]××号××××公司

第一联：记账联　销售方记账凭证

（40）



# 费用报销单

报销部门：金牛事业部　　2017 年 1 月 26 日填　　单据及附件共　　页

| 用　　途 | 金额（元） | 备注 | | | |
|---|---|---|---|---|---|
| 报销售后服务费用 | 1,000.00 | | | | |
| | | | | | |
| | | 部门审核 | | 领导审批 | 左桃先 |
| | | | | | |
| 合　　计 | ¥1,000.00 | | | | |
| 金额大写：零 拾 零 万 壹 仟 零 佰 零 拾 零 元 零 角 零 分 | | 原借款：　元 | | 应退余款：¥-1,000.00 元 | |

会计主管 石丽　　会计 周石　　出纳 周佩　　报销人 王宇　　领款人 王宇

中国工商银行
转账支票存根

10201120
P0112

附加信息

金牛事业部售后服务费

出票日期　2017 年　1　月　26　日

| | |
|---|---|
| 收款人： | 王宇 |
| 金　额： | ¥1,000.00 |
| 用　途： | 售后服务费 |

单位主管　黄兆丹　会计 石丽

（41）

科技伴随　高效学习

## 费用报销单

报销部门：总经办　　2017　年　1　月　26　日填　　单据及附件共＿＿＿页

| 用　途 | 金额（元） | 备注 | | | |
|---|---|---|---|---|---|
| 杨总报销汽车停车费用 | 436.00 | | | | |
| 杨总报销汽车过路桥费用 | 60.00 | | | | |
| 杨总报销汽车加油费 | 300.00 | 部门审核 | | 领导审批 | 左桃先 |
| | | | | | |
| 合　计 | ¥796.00 | | | | |
| 金额大写：零 拾 零 万 零 仟 柒 佰 玖 拾 陆 元 零 角 零 分 | | 原借款： | 元 | 应退余款：¥-796.00 元 | |

会计主管　石丽　　会计　周石　　出纳　周佩　　报销人　杨丹　　领款人　杨丹

（42）

科技伴随　高效学习

## 费用报销单

报销部门：总经办　　2017　年　1　月　26　日填　　单据及附件共＿＿＿页

| 用　途 | 金额（元） | 备注 | | | |
|---|---|---|---|---|---|
| 杨总报销欧景园219物业管理费 | 4,546.00 | | | | |
| | | | | | |
| | | 部门审核 | | 领导审批 | 左桃先 |
| | | | | | |
| 合　计 | ¥4,546.00 | | | | |
| 金额大写：零 拾 零 万 肆 仟 伍 佰 肆 拾 陆 元 零 角 零 分 | | 原借款： | 元 | 应退余款：¥-4,546.00 元 | |

会计主管　石丽　　会计　周石　　出纳　周佩　　报销人　杨丹　　领款人　杨丹

(43)

中国工商银行　转账支票　　10204232 Y0118

付款期限自出票之日起十天

出票日期（大写）　贰零壹柒　年　零壹　月　贰拾陆　日　　付款行名称：工行青年路支行

收款人：武汉海蓝贸易有限公司　　出票人账号：69325502

人民币（大写）　伍万陆仟壹佰元整

| 亿 | 千 | 百 | 十 | 万 | 千 | 百 | 十 | 元 | 角 | 分 |
|---|---|---|---|---|---|---|---|---|---|---|
| | | | ¥ | 5 | 6 | 1 | 0 | 0 | 0 | 0 |

用途　货款　　密码　0861963629672225

上列款项请从
我账户内支付
出票人签章　　武汉安驰商贸有限公司 财务专用章　　陈帅印

复核　陈晨　　记账　李慧

(44)

中国工商银行　转账支票　　10204233 Y0119

付款期限自出票之日起十天

出票日期（大写）　贰零壹柒　年　零壹　月　贰拾陆　日　　付款行名称：工行额头湾支行

收款人：武汉海蓝贸易有限公司　　出票人账号：73853623

人民币（大写）　伍万肆仟叁佰元整

| 亿 | 千 | 百 | 十 | 万 | 千 | 百 | 十 | 元 | 角 | 分 |
|---|---|---|---|---|---|---|---|---|---|---|
| | | | ¥ | 5 | 4 | 3 | 0 | 0 | 0 | 0 |

用途　货款　　密码　0861963629672230

上列款项请从
我账户内支付
出票人签章　　佳顺建材销售有限公司 财务专用章　　赵武印

复核　张磊　　记账　章龙

(45)

中国建设银行　转账支票　　10504237 Y0120

付款期限自出票之日起十天

出票日期（大写）　贰零壹柒　年　零壹　月　贰拾陆　日　　付款行名称：农行三江路支行

收款人：武汉海蓝贸易有限公司　　出票人账号：36542549

人民币（大写）　肆万柒仟元整

| 亿 | 千 | 百 | 十 | 万 | 千 | 百 | 十 | 元 | 角 | 分 |
|---|---|---|---|---|---|---|---|---|---|---|
| | | | ¥ | 4 | 7 | 0 | 0 | 0 | 0 | 0 |

用途　货款　　密码　0861963629672105

上列款项请从
我账户内支付
出票人签章　　豪峰建材销售有限公司 财务专用章　　王丽印

复核　张丽丽　　记账　王明

（46）

科技伴随 高效学习

## 差旅费报销单

部门 秋叶原事业部　　2017 年 1 月 27 日

| 出差人 | 徐列 | 出差事由 | 业务需要 |
|---|---|---|---|

| 出发 | | | | 到达 | | | | 交通工具 | 交通费 | | 出差补贴 | | 其他费用 | | |
|---|---|---|---|---|---|---|---|---|---|---|---|---|---|---|---|
| 月 | 日 | 时 | 地点 | 月 | 日 | 时 | 地点 | | 单据张数 | 金额 | 天数 | 金额 | 项目 | 单据张数 | 金额 |
| | | | | | | | | | | | | | 住宿费 | | 177.00 |
| | | | | | | | | | | | | | 市内车费 | | |
| | | | | | | | | | | | | | 邮电费 | | |
| | | | | | | | | | | | | | 办公用品费 | | |
| | | | | | | | | | | | | | 不买卧铺补贴 | | |
| | | | | | | | | | | | | | 其他 | | |
| 合计 | | | | | | | | | | | | | | | ¥177.00 |

附件 张

| 报销总额 | 人民币（大写） 壹佰柒拾柒元整 | 预借金额 | | 补领金额 | ¥177.00 |
|---|---|---|---|---|---|
| | | | | 退还金额 | |

主管 李翔　　审核 石丽　　出纳 周佩　　领款人 徐列

**中国工商银行**
**转账支票存根**

10201120
P0113

附加信息
报销出差住宿费

出票日期 2017 年 1 月 27 日

| 收款人： | 徐列 |
|---|---|
| 金 额： | ¥177.00 |
| 用 途： | 报销 |

单位主管 李翔　　会计 石丽

海南华森印务有限公司·2011年印制

---

（47）

**中国建设银行 转账支票**　　10504238 Y0121

付款期限自出票之日起十天

出票日期（大写） 贰零壹柒 年 零壹 月 贰拾柒 日　　付款行名称：工行上地分行

收款人：武汉海蓝贸易有限公司　　出票人账号：73124553

| 人民币（大写） | 亿 | 千 | 百 | 十 | 万 | 千 | 百 | 十 | 元 | 角 | 分 |
|---|---|---|---|---|---|---|---|---|---|---|---|
| 叁万玖仟元整 | | | | ¥ | 3 | 9 | 0 | 0 | 0 | 0 | 0 |

用途 货款　　密码 7493049752888647

上列款项请从
我账户内支付
出票人签章　　复核 陈丽　　记账 刘红

北京人家装饰公司 财务专用章　　张浩然印

(48)

科技伴随　高效学习

## 费 用 报 销 单

报销部门：总经办　　2017 年 1 月 27 日填　　单据及附件共＿＿页

| 用途 | 金额（元） | 备注 | | | |
|---|---|---|---|---|---|
| 报销交通费 | 267.00 | | | | |
| | | | | | |
| | | 部门审核 | 杨丹 | 领导审批 | 左桃先 |
| | | | | | |
| 合计 | ¥267.00 | | | | |
| 金额大写：零 拾 零 万 零 仟 贰 佰 陆 拾 柒 元 零 角 零 分 | | 原借款：　元 | | 应退余款：¥-267.00 元 | |

会计主管 石丽　　会计 周石　　出纳 周佩　　报销人 潘海琴　　领款人 潘海琴

(49)

科技伴随　高效学习

## 费 用 报 销 单

报销部门：总经办　　2017 年 1 月 27 日填　　单据及附件共＿＿页

| 用途 | 金额（元） | 备注 | | | |
|---|---|---|---|---|---|
| 招待客户费用 | 8,900.00 | | | | |
| | | | | | |
| | | 部门审核 | 杨丹 | 领导审批 | 左桃先 |
| | | | | | |
| 合计 | ¥8,900.00 | | | | |
| 金额大写：零 拾 零 万 捌 仟 玖 佰 零 拾 零 元 零 角 零 分 | | 原借款：　元 | | 应退余款：¥-8,900.00 元 | |

会计主管 石丽　　会计 周石　　出纳 周佩　　报销人 潘海琴　　领款人 潘海琴

中国工商银行
转账支票存根

10201125
P0114

海南华森印务有限公司·2011年印制

附加信息

招待客户费用

出票日期 2017 年 1 月 27 日

收款人：潘海琴

金　额：¥8,900.00

用　途：报销

单位主管 杨丹　　会计 石丽

（50）

**中国建设银行**
**转账支票存根**

**10504226**
P0115

海南[illegible]印务有限公司 · 2011年印制

**附加信息**

对公账户手续费

出票日期　2017年　1　月　27　日

| | |
|---|---|
| 收款人： | 建设银行江汉二路支行 |
| 金　额： | ¥72.40 |
| 用　途： | 手续费 |

单位主管　杨丹　　会计 石丽

---

（51）

科技伴随 高效学习

## 固定资产折旧明细表

2017　　年　1　月　31　日

| 类别 | 部门 | 资产名称 | 原值 | 使用年限 | 残值率 | 净残值 | 年折旧率 | 年折旧额 | 月折旧额 |
|---|---|---|---|---|---|---|---|---|---|
| 交通运输设备 | 总经办 | 轿车 | 225,000.00 | 4 | 3% | 6750 | 24.24% | 54,540.00 | 4,545.00 |
| 办公设备 | 商务部 | 笔记本电脑 | 50,000.00 | 5 | 3% | 1500 | 19.44% | 9,720.00 | 810.00 |
| 办公设备 | 商务部 | 台式电脑 | 40,000.00 | 5 | 3% | 1200 | 19.44% | 7,776.00 | 648.00 |
| 房屋及建筑物 | 总经办 | 仓库 | 200,000.00 | 20 | 3% | 6000 | 4.8% | 9,600.00 | 800.00 |
| | | | | | | | | | |
| | | | | | | | | | |
| | | | | | | | | | |
| | | | | | | | | | |
| 合　计 | — | — | 515,000.00 | — | — | 15,450.00 | — | 81,636.00 | 6,803.00 |

审核：　　　　　　　　制表：　石丽

---

（52）

## 固定资产毁损报废申请书

科技伴随 高效学习

**NO:**　152166

申报部门：　商务部　　　　　　申请日期：　2017年1月30日

| | | | |
|---|---|---|---|
| 固定资产名称 | 笔记本电脑 | 购置时间 | 2016年5月1日 |
| 数量/单位 | 1台 | 使用部门 | 商务部 |
| 原值 | 50,000.00 | 净值 | 43,520.00 |
| 已提折旧 | 6,480.00 | 净残值 | 1,500.00 |
| 报废原因：<br><br>电脑进水，内部零件损坏。 | | | |
| 资产管理部门意见 | 同意报废<br>2017年1月30日 | 公司意见 | 同意报废<br>2017年1月30日 |

此表一式两份，一份留申请部门、一份留财务部门

## 付款申请单



申请日期： 2017 年 1 月 30 日

| | | | |
|---|---|---|---|
| 申请部门 | 总经办 | 申请人 | 潘海琴 |
| 申请事由 | 清理电脑零件 | | |
| 收款单位 | 武汉元尼电子有限公司 | 收款人 | 李梓涵 |
| 申请付款金额 | ¥200.00 | | |
| 付款方式 | ☑现 ☐转 ☐其他 | 大写： | 贰佰元整 |
| 备注 | 清理费用 | | |

主管领导 杨丹　　财务负责人 石丽　　部门负责人 杨丹

## 武汉海蓝贸易有限公司 收款收据

No: 13385561



2017 年 1 月 30 日

| | | | |
|---|---|---|---|
| 交款单位或个人 | 武汉元尼电子有限公司 | | |
| 款项内容 | 出售电脑零件 | 收款方式 | 现金 |
| 人民币（大写） | 捌佰元整 | | ¥800.00 |
| 收款单位盖章 | 武汉海蓝贸易有限公司财务专用章 | 收款人盖章 | 周佩 | 
| 备注 | | | |

第三联 记账联

(53) 无票据

(54) 无票据

(55) 无票据

(56)



### 工会经费及职工教育经费分配表

2017 年 1 月 31 日

| 应借账户 | 成本项目 | 应付工资 | 工会经费 | | 职工教育经费 | |
|---|---|---|---|---|---|---|
| | | | 计提比例 | 计提金额 | 计提比例 | 计提金额 |
| | | 51,422.90 | 2% | 1,028.46 | 1.5% | 771.34 |
| | | | | | | |
| | | | | | | |
| | | | | | | |
| | | | | | | |
| 合　计 | | 51,422.90 | | 0.00 | | 0.00 |

审核： 石丽　　制表： 周石

(57)



**工会经费及职工教育经费分配表**

2017 年 1 月 31 日

| 应借账户 | 成本项目 | 应付工资 | 工会经费 | | 职工教育经费 | |
|---|---|---|---|---|---|---|
| | | | 计提比例 | 计提金额 | 计提比例 | 计提金额 |
| | | 51,422.90 | 2% | 1,028.46 | 1.5% | 771.34 |
| | | | | | | |
| | | | | | | |
| | | | | | | |
| | | | | | | |
| 合　计 | | 51,422.90 | | 0.00 | | 0.00 |

审核：石丽　　　　制表：周石

(58) 无票据

(59)

**借款合同**



合同编号：23529952

经　武汉海蓝贸易有限公司　(以下简称贷款方)与　武汉建设银行江汉二路分行　(以下简称借款方）充分协商，签订本合同，共同遵守。

第一、由贷款方提供贷款人民币大写　伍拾万元整　（　¥500,000.00　）给借方，贷款期限自 2016 年 12 月 31 日至 2017 年 12 月 30 日。

第二、贷款方应按期、按额向借款方提供贷款，否则，按违约数额和延期天数，付给借款方违约金。违约金数额的计算，与逾期贷款罚息相同，即为　2%　。

第三、贷款月利率为银行同期年月利率　0.5%　，每月　31　号结息，如遇调整，按调整的新利率和计息办法执行。

第四、借款方应按协议使用贷款，不得转移用途。否则，贷款方有权停止发放新贷款，直至收回已发放的贷款。

第五、借款方保证按借款契约所订期限归还贷款本息。如需延期，借款方最迟在贷款到期前　20　天，提出延期申请，经贷款方同意，办理延期手续。但延期最长不得超过原订期限的一半。贷款方未同意延期或未办理延期手续的逾期贷款，加收罚息。

第六、贷款到期后　1　个月，如借款方不归还贷款，贷款方有权依照法律程序处理借款方作为贷款抵押的物资和财产，抵还借款本息。

第七、本协议书一式　2　份，借贷款双方各执正本　1　份。自双方签字起即生效。

。。。。。。

第十一、合同争议的解决方式

本合同在履行过程中发生的争议，由借贷双方协商解决；协商不成的依法向人民法院提起诉讼。

贷款方：武汉海蓝贸易有限公司　　　　借款方：武汉建设银行江汉二路分行

法定代表人：左桃　　　　法定代表人：马秀

签订日期：2016 年 12 月 30 日　　　　签订日期：2016 年 12 月 30 日

(60) 无票据

(61) 无票据

(62) 无票据

(63) 无票据

(64) 无票据